MES VIES

Moi, Christophe Rocancourt, orphelin, play-boy et taulard, éditions Michel Lafon, 2002.

CHRISTOPHE ROCANCOURT

MES VIES

Avec la collaboration de
Dominique Labarrière

À Dieu, Zeus et Bjorn-Eva.

« Tout ce qui ne tue pas rend plus fort. »

FRIEDRICH NIETZSCHE

– AVANT-PROPOS –

En 2002, Michel Lafon publiait un premier récit de mes aventures, que j'avais en partie écrit, et en partie dicté en cachette depuis la prison de Victoria, au Canada. Je souhaitais laisser une trace de ma vie tumultueuse pour mon fils Zeus, cinq ans à l'époque, dont j'ignorais alors quand je le reverrais. En effet, je savais que lorsque je quitterais ma cellule canadienne, je serais extradé aux états-Unis, où m'attendaient quelques hauts murs autrement redoutables. Pour combien de temps ? Tout était possible vu les suspicions d'accointances avec la Mafia qui pesaient sur moi. Alors, bravant les interdits et rusant comme d'habitude, j'ai envoyé ce premier livre comme on lance une bouteille à la mer. Mais tout le monde comprendra que lorsqu'on se trouve dans le collimateur du FBI et de toutes les polices de la Terre, on n'a pas une totale liberté d'expression.

Le 14 octobre 2005, la justice ayant fait son œuvre, les portes du dernier des pénitenciers américains où j'ai tenté de rester un homme, malgré des conditions de survie que je décris ici dans leur sauvage inhumanité, se sont ouvertes pour moi. Sur la liberté.

Cette liberté m'a permis de « lâcher mes chevaux », comme on dit un peu vulgairement aux States, et de les faire galoper sur toutes les routes cette fois – même les plus cachées – de mon existence. J'ai retrouvé dans cette cavalcade tous les personnages que j'avais endossés, tous les milieux extravagants de luxe, de beauté, mais aussi d'amoralité que j'ai bernés en utilisant leurs propres défauts. Toutes les femmes aussi, fascinantes... Toute la dignité et la fidélité de l'une d'elles, la mère de mon fils.

Voilà à quoi je vous convie dans ce nouvel ouvrage. Et ne me jugez pas, je vous en prie : les tribunaux s'en sont chargés. Ici, nous sommes juste au spectacle.

Christophe ROCANCOURT

– 1 –

LES PORTES DU PÉNITENCIER...

« Les portes du pénitencier bientôt vont se refermer... » chantait Johnny. Le couplet est archicélèbre. Cent fois, mille fois il a tourné dans ma tête. En anglais, la chanson s'intitule *The House of the Rising Sun*. Si ma mémoire de taulard est exacte, le groupe qui l'interprétait s'appelait « The Animals ». Les « animaux », cela aussi me parle, parce que c'est bien ce que nous devenons, des bêtes, derrière les hauts murs des pénitenciers *made in USA*.

À l'entrée, au-dessus de ces foutues portes, devrait être gravée en lettres de sang l'inscription du fronton de *L'Enfer* de Dante : « Vous qui entrez, laissez toute espérance. » Dans l'autre sens, à la sortie, on pourrait inscrire : « Vous qui sortez, laissez tout derrière vous. Sauf l'espérance. » Sortir, franchir le mur, j'ai bercé cette obsession heure après heure, jour et nuit, pendant ces cinq interminables années passées dans les prisons américaines et canadiennes, même si au Canada, c'était nettement plus gai.

11

Le temps de la taule n'est pas le temps de dehors. Cinq années là-dedans en valent bien huit ou dix. Je compte les jours. Le prisonnier qui ne compte plus les jours n'attend plus rien. Il est perdu. Derrière les barreaux, tenir le compte à rebours est une manière de rester debout, de se sentir encore concerné par la vraie vie, celle des autres, au-delà des murs. Grâce à des artifices, à des petits trucs comme celui-là, tu parviens à résister. Si tu lâches ces repères, tu es condamné. Tu ne t'en sors pas et c'est la prison, c'est le système qui gagne le match, qui te broie, qui te tue.

Un matin, je suis sorti de ma mille huit cent dixième nuit d'un sommeil chaotique avec un chiffre devant moi : 15. Quinze jours plus tard, j'allais enfin prendre le long couloir de la liberté et franchir les portes du pénitencier. Dans le bon sens cette fois.

Ce matin-là, les gardiens sont venus me sortir de ma cellule. Menotté dans le dos, chaînes aux chevilles, j'ai été conduit au mitard. Isolement complet. Là, le taulard doit abandonner le pantalon, le tee-shirt kaki et les baskets qu'il porte dans la zone de détention ordinaire pour revêtir la combinaison orange à fermeture Velcro et ces abominables chaussons bleus sans semelle avec lesquels on peut à peine marcher. Ce qui n'a pas grande importance d'ailleurs car marcher, au mitard, revient à faire trois pas dans un sens et deux dans l'autre. La cellule est un minuscule caisson en béton sans ouverture. Le ciel n'existe plus. La lumière du jour est abolie. L'obscurité de la nuit aussi car l'éclairage acide et cru, sans ombre, est maintenu vingt-quatre heures sur vingt-quatre. Il faut que le puni se sente observé en permanence. Il ne doit plus avoir un instant d'intimité avec lui-même... Un lit en fer, un drap – un seul –, pas de couverture. Des chiottes et un lavabo, moulés dans un même bloc en inox. La porte aveugle avec une trappe par laquelle le maton invisible et sans visage passe la nourriture. Elle pourrait venir en droite ligne des chiottes, la bouffe, elle ne serait pas plus infecte. On fait avec. On ne s'accommode pas vraiment. Non, on oppose le dos rond, on courbe l'échine. Dehors, quelque temps plus tard, un ami me dira : « On dirait que tu as les cervicales soudées. Tu te tiens voûté. On ne sait pas si tu es cassé ou prêt à bondir. »

Ce n'est pas faux : je suis cassé *et* prêt à bondir.

Après vingt-quatre heures de mitard, on vient me chercher. De nouveau, menottes dans le dos, chaînes au pied. On me conduit dans une salle d'interrogatoire. On me libère de mes entraves, je suis autorisé à m'asseoir. Trois hommes sont là. Ils me regardent sans malveillance. Ce sont des agents fédéraux des services de renseignements. Comme souvent, cela débute par un assez long silence. Je l'ai dit, en prison, on devient des animaux, mais ceux qui nous y mettent sont aussi devenus des bêtes. Alors, on commence toujours par se renifler, se flairer, se jauger, comme entre proie et prédateur. Ensuite seulement les mots viennent.

— Alors, bientôt la sortie ? me lance celui des trois qui doit être le chef.

— J'ai fait mon temps.

— Oui. On peut dire ça, tu as fait ton temps...

Son ton est lourd de sous-entendus et les deux autres ont un sourire rentré qui ne me dit rien de bon. Un frisson me parcourt les reins. Une petite voix me murmure : « Ils sont en train d'essayer de te baiser. »

— Ces six derniers mois, nous t'avons beaucoup observé, reprend le chef. Tu t'es bien tenu. Mais on t'a beaucoup vu sur le yard avec les Italiens. Tu as beaucoup parlé avec eux...

Il se tait, attendant une réponse à sa question non formulée. Je ne suis pas là pour faire le malin. Pas à quatorze jours de la quille !

— Tu auras compris que quand je parle des Italiens, je pense aux mafiosi, aux chefs, aux *capi*. Qu'est-ce que vous vous racontiez ?

Je reste muet. Le type paraît ennuyé.

— Dommage. Je ne suis pas certain que tu choisisses la bonne solution... Est-ce que tu connais la loi « conspiration » ?

— Je ne vois pas de quoi vous parlez...

— Cette loi prévoit des peines très lourdes contre toute personne qui détiendrait des informations concernant le crime organisé, notamment les activités de la Mafia, et *oublierait* de nous en faire part. Tu saisis ?

Je me mure dans le silence. Les trois hommes se lèvent, le chef appelle les gardiens pour qu'ils me remettent les chaînes et me reconduisent dans mon tombeau de béton.

— Remarque, ajoute le chef, tu as tout de même le temps de réfléchir à ce que je viens de dire. Quatorze jours et autant de nuits, c'est long, tu sais. Surtout, n'hésite pas à nous faire signe. On est là pour ça. Mais si tu persistes à faire ta mauvaise tête, à tout instant à partir de cette minute, le FBI peut considérer que tu nous caches des choses. Alors, ils actionneront la loi dont je viens de te parler...

Les trois hommes s'apprêtent à sortir. Je tends mes poignets pour les menottes. Sur le seuil, le chef se retourne.

— Je m'aperçois que j'ai oublié de te donner le tarif pour la loi conspiration. C'est vingt-cinq ans. Tu vois, ton choix est simple : quatorze petits jours ou vingt-cinq ans de rab dans ces murs. À toi de voir.

Ils s'en vont. Accompagné par le cliquetis des entraves, je regagne le mitard et je me dis que dans notre joli monde pénitentiaire, les plus pourris, les plus tordus ne sont pas forcément ceux qui se trouvent du mauvais côté des barreaux.

Quand les verrous de la cellule ont claqué derrière moi, j'ai su que j'allais vivre un enfer. À partir de cet instant, j'ai connu les quatorze nuits et les quatorze jours les plus longs de ma vie. Je n'ai pratiquement pas fermé l'œil. Le moindre bruit inhabituel me faisait sursauter.

Même au mitard, les types parviennent à se parler d'une cellule à l'autre. S'ils ne sont pas voisins, ils communiquent entre eux grâce au yoyo. Pour prévenir le destinataire, on prend contact avec lui soit en parlant devant la bouche d'aération, soit en tapant contre le W.-C. en métal.

— Je suis le 123. Je parle au 86. Je t'envoie un yoyo à 8 heures.

L'élément de base du yoyo est une longue ficelle à laquelle le destinataire attache un billet lesté de mie de pain ou de quoi que ce soit d'autre qui puisse passer sous la porte de la cellule. L'espace est assez large pour permettre, ensuite, d'expédier le message dans la bonne direction en le propulsant à l'aide d'un chausson pris en main. De cellule en cellule, les mains armées de chausson assurent le relais jusqu'à l'adresse de destination. La ficelle permet de corriger les erreurs de tir et de remettre l'envoi dans la bonne direction. Les habitués du mitard deviennent des experts à ce jeu. Ils ont le coup de poignet puissant et précis. Les débutants s'esquintent le dos de la main et les articulations sous la porte.

Pendant ces quatorze jours d'attente, je m'abstiens de yoyo et de causette avec mes voisins. Trop dangereux. On n'est jamais sûr de personne en prison. Et qui sait ce qu'on me ferait dire si je m'aventurais à envoyer un yoyo juste pour passer un moment ? Je me fais oublier. Si je pouvais m'interdire de respirer, je m'y appliquerais. Pour lutter contre l'angoisse, je m'occupe comme je peux. Je m'évade en pensée, je fais le point sur moi, sur mon passé, mes conneries, mes chances pour l'avenir. Je m'en remets à Dieu, comme je l'ai toujours fait à toutes les heures périlleuses de mon existence. J'essaie autant que possible de me muscler le cerveau, de penser positif. Et je me muscle aussi le corps. Je pousse les heures à grands coups de débauche physique. La bonne dose avoisine les mille cinq cents pompes par jour. Pour les compter, j'ai pétri quinze boulettes de mie de pain. J'enchaîne donc inlassablement les séries de quinze pompes. Lorsque je me redresse, le sang au cerveau, la poitrine en feu, je me sens bien, comme si j'étais sous l'effet d'une anesthésie, mais brusquement l'angoisse revient, tenace, poisseuse, oppressante. Mes reins se glacent et les mots, toujours les mêmes, bourdonnent dans mes oreilles : « Ils vont me baiser ! »

Parfois, cette certitude est tellement forte que j'ai envie de hurler, de me cogner la tête contre les murs, pas pour en finir mais pour souffrir autrement.

« Ils vont me baiser ! » Ça vire à la paranoïa. Ils vont me sortir un truc vicieux, une vidéo de la cour, le yard, où je suis en conversation avec un Italien, un gros bonnet. Ils vont me dire qu'ils ont pu décrypter nos échanges grâce à un micro, ou à la lecture sur les lèvres, ou à je ne sais quel procédé tordu de leur invention. Ils vont donner à des mots ordinaires un sens démoniaque et ils trouveront bien dix salopards de taulards en attente de réduction de peine pour cautionner l'entourloupe.

La nuit, je suis en eau de la tête aux pieds. À l'aube, mon drap est trempé. Mes boulettes de pain me servent aussi à compter les jours. C'est plus lent que pour les pompes. Parfois, je me dis que je vais crever avant d'avoir vu le bout du tunnel. Le mitard n'a pas d'autre but que de casser les mecs. L'humain n'y a aucune place. Un détail : on tient ce lieu tellement aseptisé que même les odeurs en sont bannies. Ailleurs dans la prison, c'est la même chose. Une vie sans odeur, sans saveur, sans couleur. Une petite mort bien propre, lisse et oxygénée.

La tentation de parler, de leur donner ce qu'ils veulent pour m'assurer le bon de sortie ? Je ne laisse pas ce démon-là m'effleurer. Jamais je n'ai rien donné. Pas même mon adresse, mon identité. Je me suis toujours tu. Je n'ai pas à réfléchir, à calculer, à peser le pour ou le contre : je ne parle pas. C'est comme cela depuis le premier jour, et que je me trouve à quelques heures de la sortie ou à vingt-cinq ans n'y change rien.

Avec le recul, je me dis que c'est à cause de cela qu'ils ne sont pas revenus me harceler. Les gars du FBI connaissent leur clientèle : il y a ceux qu'on peut manipuler, et les autres. Je faisais partie de ces « autres », ils n'avaient pas de temps à perdre.

Le dernier jour, vers 8 h 30 du matin, la porte s'ouvre. Menottes dans le dos. On me sort du bloc mitard et on me conduit dans les locaux administratifs de la prison. Je passe devant les services de l'immigration et commencent les formalités de libération. J'ai encore le ventre noué. J'y crois sans y croire. On me remet le costume civil que Pia, ma femme, m'a fait parvenir de New York quelques jours plus tôt. Un beau costume, bien coupé, comme je les aimais tant à l'époque de ma splendeur. Je flotte un peu dedans. Normal, je n'ai pas fait du lard, ces cinq dernières années. Je sais que l'image est facile, mais j'ai réellement la sensation de me glisser dans une nouvelle peau. Toutefois, je me garde bien de verser dans l'euphorie. Tout risque encore de se produire. Jusqu'à la dernière minute un coup de fil du FBI peut tomber : « Libération Rocancourt ajournée ».

Une fois de plus, des agents vérifient mon identité, prennent mes empreintes digitales. On me fait enfin monter dans un fourgon. Encore quelques instants et je franchis les portes du pénitencier... Je lève les yeux. Le ciel. Pour la première fois depuis tant de jours, le ciel sans barreaux, sans grillage, sans mur autour. La nature dans son immensité. Une immensité relative, car ce matin du 14 octobre 2005 le brouillard règne sur Allenwood, Pennsylvanie.

Je me retourne pour voir d'où je viens. Les portes s'éloignent, les longs bâtiments et les miradors se diluent dans une ouate brumeuse. Tout autour du fourgon qui file sur la route rectiligne, la plaine, le no man's land, ce nulle part au milieu de nulle part où rien d'autre ne pouvait pousser qu'un pénitencier...

Direction l'aéroport de Philadelphie. Je laisse derrière moi beaucoup de malheurs et beaucoup de fureur. Quelques amitiés aussi. La possibilité de dire au revoir ne m'a pas été donnée. Allenwood, ce sont deux mille sept cents prisonniers répartis en dix blocs de deux cent soixante-dix détenus classés en cinq catégories selon leur dangerosité supposée, de *low*, la plus anodine, à *high*, la plus redoutable. J'ai eu droit à la quatrième, *medium high*. « Medium high » ! Mon avocate américaine n'en revient pas. Car, à quelques exceptions près, il s'agit du quartier des grands criminels. Or j'ai été arrêté au Canada pour escroquerie et transféré aux États-Unis pour usurpation d'identité américaine et détention d'armes. C'est lourd, mais ce ne sont quand même pas des crimes de serial killer ! Seulement voilà : le FBI est persuadé que j'ai des accointances avec la Mafia. S'ils ne m'ont pas classé en *high* parce que je n'ai pas de sang sur les mains, j'ai toutefois eu l'honneur discutable de porter sur mon tee-shirt kaki, à côté de mon matricule – 32924086 – et sous mon nom, la lettre « O », pour *Organized crime*.

À l'aéroport de Philadelphie, journalistes, photographes et cameramen, informés de ma libération, se précipitent vers nous. Nul ne s'attendait à ce que les médias accordent une telle attention à ma petite personne après cinq années passées à l'ombre. Tout le monde est bluffé, moi le premier... L'administration n'appréciant pas les effervescences médiatiques, on me fait passer par un itinéraire spécial, des couloirs souterrains dans l'aéroport, des portes dérobées. Un vrai jeu vidéo.

Néanmoins, j'ai la frayeur de ma vie lorsque je réalise qu'on me conduit... en cellule. Je ne le crois pas ! Retour en cage ! Il s'agit d'une taule au sein même des services de la police aéroportuaire. Là, je me dis que tout est foutu. Le FBI a dû frapper encore une fois. Ils auront appelé, envoyé un fax, un e-mail pour qu'on me bloque. Ils vont rappliquer d'un moment à l'autre avec leurs questions pourries, leurs réponses toutes faites, leurs preuves « irréfutables », leurs témoignages cousus main de dernière minute et je vais en reprendre pour vingt-cinq ans.

Cette ultime épreuve dure six heures. En fait, les autorités fédérales pensaient décourager ainsi la presse. Mais les journalistes et les photographes restaient sur place, aux aguets. De guerre lasse, le bureau de l'attorney général, à Washington, a pris la décision de ne pas me faire sortir du territoire par un vol pour Paris mais pour Londres... ce qui constitue une légère entorse à la législation américaine, laquelle précise que toute personne extradée doit impérativement être renvoyée dans son pays d'origine. Mais qui allait chercher la petite bête ? Sûrement pas moi !

Enfin on me sort de mon trou et on me transfère à bord de l'avion pour Londres. Mes avocats m'ont pris un billet *first class*. On me fait entrer en premier. On me pousse même. On a hâte de me voir disparaître avant que les cameramen et les photographes aient compris l'habile tour de passe-passe.

La minute où je pénètre dans l'appareil restera pour moi inoubliable. Là, je commence à y croire. Je retiens encore ma joie car jusqu'à la dernière seconde les types du FBI peuvent surgir, mais, en franchissant la porte de l'avion, je vois bien que je viens de passer d'un univers à un autre. L'hôtesse me dit bonjour et m'indique ma place. Elle me regarde comme un être humain normal regarde un autre être humain normal. Ce « bonjour » est ce que j'ai entendu de plus rassurant depuis longtemps. Et ce regard « normal », dépourvu de haine ou de peur, a été pour moi, à ce moment-là, ce qu'il pouvait y avoir de plus beau au monde.

Le poids qui m'oppresse l'estomac ne disparaît que lorsque les roues de l'appareil quittent le sol. C'est le soir. Je laisse derrière moi les lumières de Philadelphie. Je ne me retourne pas. Je ne regarde pas. Je ferme les yeux. Je m'efforce de me persuader que je ne rêve pas. Je tâte le tissu de mon costume, je rouvre les yeux pour m'assurer que je suis bien assis dans un avion en vol et que l'hôtesse est bien là, avec son ton apaisant, son sourire tranquille. Mon cœur fait des bonds.

Sans le savoir, cette jeune femme en uniforme m'offre une bouffée de bonheur. Elle se penche sur moi et me demande :

— Monsieur, souhaitez-vous boire quelque chose ?

J'avais perdu le sens et le son de ces mots simples : « monsieur », « souhaitez-vous... » Je prends un peu de champagne. La première gorgée me saisit. Les bulles me grisent vite. Je baisse les paupières. Je remercie Dieu. Peut-être à cause du champagne, peut-être pour tout autre chose, il me semble que les larmes me montent aux yeux.

Le vol dure environ huit heures. Je regarde un film. Je vois les images défiler mais je ne les fixe pas dans mon esprit. Je suis tout à l'ivresse de me sentir enfin « dehors ». « Bienvenue dans le monde des vivants », me murmure ma petite voix intérieure.

L'hôtesse me sert un plateau. Il me semble que je n'ai jamais rien mangé de plus délicieux. Je bois un verre de bordeaux. Je trouve le bouquet et la saveur du vin extraordinaires. Je suis en extase. Je m'assoupis sans doute à certains moments, mais je ne dors pas vraiment, de peur encore, peut-être, de découvrir en me réveillant que tout cela n'est que le fruit de mon imagination.

Enfin, le commandant de bord annonce la descente sur Londres. Paradoxe amusant, c'est au moment même où je m'emprisonne dans la ceinture de sécurité pour l'atterrissage que je me persuade, vraiment, de n'être plus incarcéré... Les lumières de Londres dans le hublot, puis le crissement des pneus sur la piste, le freinage puissant qui me colle contre le siège, l'arrêt complet, le clic de la ceinture que je détache...

Cette fois, ça y est. Je la tiens, cette sacrée liberté.

– 2 –

SOUVENIRS DE L'ENFER

À Londres, je descends de l'appareil avec les autres passagers. Comme tout le monde et non comme un paria. Dans le bus qui nous conduit à l'aérogare, je croise le regard d'une petite fille. Un regard d'innocence. Dans quelques jours, Zeus, mon fils, viendra me rejoindre à Paris. Il est tout pour moi. Il a huit ans, et je ne l'ai pas vu depuis cinq ans.

Les reporters d'une chaîne de télévision américaine qui ont pris le vol pour Paris en pensant que je serais à bord ont rejoint Londres dès leur arrivée à Roissy-Charles-de-Gaulle. Ils veulent tourner des images et capter les premiers moments de mon retour à la case départ. Parmi les photographes présents, se trouve un gars de l'agence Sipa. Il m'offre un café. Je suis dans un état d'esprit confus, un peu comme lorsque, en convalescence, on sort enfin après avoir gardé la chambre trop longtemps. Je flotte encore entre deux mondes, celui où je viens d'atterrir et celui que je laisse derrière moi, la prison. Il me semble que tout le monde doit pouvoir lire sur mon visage qui je suis, d'où je viens. J'ai la sensation pénible que le mot « taulard » est gravé sur mon front, tache indélébile. Cela s'apparente au mauvais rêve que l'on fait parfois, où l'on se trouve nu au milieu d'une foule sans pouvoir se planquer. Je surveille mon comportement, mes mouvements, car on ne se meut pas dehors comme on bouge en taule. C'est ainsi. À distance, que ce soit dans la rue ou au restaurant, devant une attitude, un geste, une démarche, je peux dire sans risque d'erreur : ce gars-là sort du ballon.

Dans l'espace cafétéria où je bois mon café, des gens vont et viennent. Certains prennent un plateau, se composent un solide breakfast. Soudain, je vois un type, un gros homme, pousser légèrement le plateau d'un autre type pour poser le sien sur le comptoir de la caisse. Ce que mes yeux viennent de saisir n'est qu'un détail, mais à la seconde même tout mon être se glace. Je me trouve projeté dans l'enfer d'où je sors. J'ai vu une scène identique au pénitencier de Lewisburg...

En prison, aux States, tu es obligé de travailler. À ce moment-là, j'étais affecté à l'arrière-cuisine... Nous sommes un vendredi, jour du poisson dans tous les pénitenciers US. Les taulards font la queue bloc après bloc pour recevoir leur ration, et l'incident que je viens de surprendre à la cafétéria se produit presque à l'identique. Par inadvertance, un prisonnier – un Chicanos[1] ou un petit Blanc, je ne sais plus très bien – touche à peine de son plateau celui d'un Noir, une baraque, un colosse avec une tête grosse comme trois pastèques mais rien dedans. Une brute épaisse comme il y en a des mille et des cents derrière les barreaux. Le Black pose les yeux sur l'autre qui, terrorisé, balbutie des excuses. Le Black s'en tape.

– T'as poussé mon plateau. Tu me manques de respect.

– Pardon. Je ne l'ai pas fait exprès. Ça ne se reproduira pas...

– T'as raison, ça ne se reproduira pas.

À la seconde même, dans toute la cantine, dans les cuisines et l'arrière-cuisine, le temps semble s'arrêter. En prison, les animaux que nous sommes devenus développent un instinct de jungle : on sent venir le drame comme les fauves devinent l'orage ou l'incendie de brousse. C'est une sensation diffuse mais instantanée. On sait que ça va péter. On renifle le sang avant qu'il ne coule.

Le petit taulard en est presque à chialer. Peut-être qu'il pisse dans son pantalon. Il lève sur la montagne noire un regard de môme perdu.

– Pardon, je ne voulais pas. Je te respecte. Tout ce que tu voudras mais oublie ça. C'est pas grave, non ? Pardon, mon frère...

---

1. Familier pour « Mexicain ».

Le Black n'entend pas. Nous autres, nous faisons comme si rien ne se passait. Ne rien voir, ne rien entendre, ne rien savoir est une règle de survie dans les geôles de l'oncle Sam. Mais nous n'ignorons pas, tous autant que nous sommes, qu'il y a du « shunk » dans l'air. Derrière les barreaux des pénitenciers, tout le monde possède son « shunk ». Moi, j'en ai trois, planqués dans des endroits stratégiques de la cellule, c'est-à-dire à portée de main pour réagir en cas d'urgence. Il ne faut pas tâtonner une seconde de trop. Il y va de sa vie.

Le « shunk » est une arme blanche, une sorte de couteau, une lame bricolée à partir de pas grand-chose, un morceau de métal acheté en loucedé, un éclat de bois dur, ou, le plus souvent, un stylo bien affûté. Pour aiguiser le shunk, tout est bon, le mur, le rebord du lit, mais le top c'est la cireuse. L'administration ne transige pas sur la propreté des sols, alors les cireuses marchent à plein. Seulement, il suffit de retourner l'engin pour que ses rouleaux deviennent la plus efficace des meules. Tout le monde sait cela, même les matons, sûrement. Mais comme personne n'est là pour révolutionner l'univers pénitentiaire, on ferme les yeux et, à l'occasion, on laisse parler le shunk.

Doucement, sans heurts, avec cette violence sourde et feutrée qui est la pire de toutes, le Black immense accule le petit taulard dans un coin de cuisine où il n'y a pas de caméra, et là, froidement, sans geste inutile, il l'égorge...

Le mec se vide de son sang et meurt en trois minutes.

L'autre se retrouve au mitard et prend vingt ans de taule en plus. Belle addition pour un plateau déplacé de quelques millimètres, un vendredi, jour de poisson, au pénitencier de Lewisburg.

L'ami qui me trouve les cervicales coincées me dira aussi : « Tu as les yeux toujours en mouvement. Tu sembles aux aguets. Si quelqu'un remue une feuille de papier à l'autre bout de la pièce ou laisse tomber sa petite cuillère, tu mates, tu épies... »

La réponse est simple : quand le shunk peut te crever la paillasse pour une broutille, tu traques le moindre geste suspect, tu cherches à saisir dans les yeux l'apparition de la lueur tueuse. Et tu fais gaffe à ton plateau-repas.

Le réfectoire est un lieu dangereux. Les matons y ont tout le loisir d'observer les détenus, de photographier mentalement les visages, les comportements. Les taulards se jaugent, les gangs, les groupes ethniques se défient. Tout cela, presque sans mots. Pour rien, pour un regard ou une attitude mal perçus, tu peux plonger dans un délire de folie qui, avant la fin du jour, t'aura coûté la vie.

La haine raciale n'est nulle part plus exacerbée qu'entre les murs du pénitencier. On pourrait croire que ces mecs, tous embarqués dans la même galère, rabaissés uniformément à un matricule, laissent derrière eux les querelles de clocher, les rancœurs de quartiers, les rivalités entre communautés. Pas du tout. Au contraire, ils s'ingénient à en faire leur seule raison de vivre. Quant à la guerre des gangs, elle sévit ici avec autant de violence aveugle qu'à l'extérieur...

Un jour, à l'heure du repas, dans la file de son bloc, un type qui pousse un taulard paralysé des jambes dans sa chaise roulante ne s'arrête pas pile poil et le repose-pieds du fauteuil heurte légèrement le mollet d'un membre d'une autre communauté.

— Tu me cherches ?

— Non, je ne te cherche pas. Je poussais mon pote sur sa chaise et j'ai pas vu ta jambe. On va pas en faire toute une histoire.

— Tu m'as agressé. Tu m'as blessé. Tu m'as manqué de respect. On règle ça ce soir dans le yard.

Le yard, c'est l'immense cour cernée de murs et de miradors où les taulards non punis peuvent sortir en fin d'après-midi, après le comptage de 16 heures et le dîner servi vers 17 heures. À 16 heures, chaque jour, dans toutes les prisons des États-Unis, les prisonniers sont comptés un par un. Ils doivent se tenir debout dans leur cellule au pied du lit. Après le repas du soir, ils peuvent s'attarder sur le yard jusqu'à 20 h 15. C'est là que je parle avec les « Italiens » et mes autres amis. Mais le yard est aussi l'endroit de tous les dangers. Le coup de lame peut surgir à n'importe quel moment et il faudra attendre d'être au paradis ou en enfer pour en connaître la raison.

Dans les films, on voit les prisonniers se sculpter des muscles d'Hercule en s'adonnant à l'haltérophilie dans un coin du yard. Dans la réalité que j'ai connue, les engins ont d'abord été enchaînés parce qu'il y avait eu un assaut terrible entre deux bandes à coups de barres de fer et d'haltères. Des types étaient restés sur le carreau pour le compte. Mais l'administration a fini par supprimer carrément les appareils quand deux ou trois gars ont trouvé là une mort « accidentelle », le thorax broyé sous une barre à disques pourtant très bien attachée à son support...

Il restait le base-ball et les battes. Le clan du connard qui a reçu le petit coup de chaise roulante s'est octroyé le choix des armes, les battes, justement. Ses potes et lui ont marché sur l'autre clan. Et ça a cogné. Mais cogné au-delà de ce qu'on peut imaginer. J'ai vu – de mes yeux vu – la tête d'un gars exploser et sa cervelle gicler. Le magma sanguinolent a échoué à un mètre cinquante de l'endroit où je me trouvais en train de discuter avec des potes. Nous n'avons pas bronché. Je l'ai dit : tant que ce n'est pas ta cervelle, la tienne, qui sert de balle de base-ball, tu ne vois rien, tu n'entends rien, tu ne sais rien. Si on te pose des questions, tu réponds que tu n'es pas responsable de ce que lâchent les grands rapaces quand ils planent au dessus du yard.

En cette fin d'après-midi paisible, les effectifs du pénitencier s'allègent de six matricules. Six morts. Oui, six morts pour un petit coup de chaise roulante dans une jambe.

Au début, je me suis bercé d'illusions. J'ai pensé un moment que ces types, ces brutes bornées étaient capables d'humanité. Quand je les ai vus la première fois au parloir avec leur femme ou leur compagne, il m'a semblé qu'ils se métamorphosaient soudain en êtres sensibles, capables d'éprouver de l'amour. De la passion, même.

Le taulard appelé au parloir a le droit d'embrasser une fois, mais une seule, sa visiteuse. Moi, j'avais un parloir pour rencontrer mes avocats et j'étais à la fois stupéfait et attendri de voir avec quelle fougue ces couples s'enlaçaient. Ils semblaient tout oublier de leur situation désastreuse le temps de ce baiser qui, toujours, se prolongeait. À croire qu'il n'y avait derrière les barreaux des prisons US que des Roméo éperdus visités par des Juliette énamourées et vibrantes de désir. Je trouvais cela décalé, certes, mais très beau. Toutefois, je me demandais si j'aurais l'impudeur de sacrifier à un tel baiser quand Pia, ma femme, viendrait me voir. Tout de même, cela se passait devant pas mal de monde ! Le parloir ressemble à une salle de classe avec des tables espacées et un siège de chaque côté de la table. Plantés debout devant les accès visiteurs et prisonniers, les matons promènent leur regard de chien idiot sur ces gens qui, malgré leur présence, ne résistent pas au besoin de se rouler une pelle d'anthologie. C'est à peine croyable.

Je ne peux cacher ma surprise à mon avocat :

— Ils pourraient faire l'amour, là, devant tout le monde, ils ne se gêneraient pas, dis-je en riant.

Mon conseil a tôt fait de corriger ma perception des choses.

– Dans une large mesure, me confie-t-il, c'est comme ça que la drogue entre dans les pénitenciers. Avant de venir ici, la visiteuse se fourre une boule de plastique contenant de la drogue dans le vagin. À son arrivée, elle se rend dans les toilettes de la salle d'attente des parloirs, fait passer la boulette de son sexe à sa bouche. Le baiser fougueux sert à livrer la marchandise à son homme. Celui-ci l'avale et il n'aura plus qu'à surveiller ses selles dans les prochaines heures pour récupérer sa dope.

J'avoue que devant ces explications, ma vision romantique du patin carcéral en a pris un coup.

Un jour, dans l'arrière-cuisine où je bosse, je surprends un dialogue furtif entre deux mecs. Celui qui travaille avec moi dans cette arrière-cuisine est un dealer. Il consomme un peu de ce qu'il fait entrer et revend le reste. D'une certaine manière, c'est un homme avisé. Le type qui vient le voir à la sauvette lui doit six carnets de timbres sur une avance de shit. En taule, le timbre-poste est la monnaie de référence, le dieu dollar du dehors. Toutes les transactions clandestines se paient en timbres ou carnets de timbres. Le carnet est à 7,4 dollars. Certains détenus très anciens sont devenus des usuriers. Ils sont à la tête de plusieurs centaines voire plusieurs milliers de carnets. Une vraie fortune. Ils prêtent avec intérêt. Du deux pour dix. Deux timbres d'intérêt pour un carnet de dix. La plupart de ces vieux détenus sont là à vie et on se demande ce qui peut bien les motiver pour pratiquer l'usure, les pousser à s'enrichir entre quatre murs qu'ils ne franchiront que les pieds devant. On ne se refait pas, dit-on. Dehors, ils en voulaient toujours plus. Dedans, ils continuent. Ils sortiront de là dans le cercueil breveté par l'administration, c'est sûr, mais la paillasse bourrée de vignettes postales. Pathétique et dérisoire...

— Les six carnets, je ne les ai pas, bredouille le client du dealer. Tiens, j'ai quatre timbres, prends-les.

L'autre prend les quatre timbres. Un sourire de pourri aux lèvres, il lâche à mi-voix :

— Je suis ici jusqu'au comptage de 4 heures. Débrouille-toi pour me trouver ce que tu me dois d'ici là, sinon...

Un peu avant l'heure dite, le pauvre camé revient, apporte sans doute deux ou trois timbres de plus qu'il aura empruntés ou piqués çà et là. Il est plus blême que le bac où on lave les légumes. Il dégouline de sueur. Il est en manque et, en prime, il crève de trouille. Il a raison d'avoir peur. Le dealer s'arrête de savonner la paillasse d'un évier, se tourne vers le gars, empoche les timbres et, son immuable sourire de salope aux lèvres, il souffle comme une confidence d'amoureux :

— Ça ne fait toujours pas le compte...

— Je sais. Laisse-moi jusqu'à demain.

— Tu te fous de ma gueule. Demain, ce sera comme aujourd'hui. Tu me dois six carnets. Les timbres que tu m'as donnés, là, aujourd'hui, disons que c'est les intérêts de retard. Maintenant, tu vas payer. Oui, maintenant. Pas demain.

Et là, une fois encore, sous les yeux de ceux qui avec moi sont affectés dans cette zone d'arrière-cuisine, le dealer sort le shunk et tue l'homme qui lui devait six carnets de timbres à 7,4 dollars.

Cet assassin, ce dealer n'avait plus que trois ans de pénitencier à accomplir, grâces éventuelles non comprises. Trois années et il se retrouvait dehors, libre. Avec ce meurtre, il en a repris pour vingt-cinq années. À croire que dans cet univers-là, vingt-cinq ans d'une vie ne valent rien en regard d'une dette de six carnets de timbres.

Qui ira dire après avoir vécu cela que la taule ne rend pas fou ? Qu'on en sort indemne ?

Les autres et moi, dans l'arrière-cuisine, nous avons continué à faire ce que nous avions à faire. Le temps que, comme pour chaque incident, l'équipe de sécurité arrive, balise le périmètre du meurtre avec les fameuses banderoles en plastique marquées « Don't cross ». Ne pas dépasser. Dans ces moments-là, il vaut mieux essayer de déguerpir avant la pose de ces banderoles, mais encore faut-il pouvoir se trouver hors caméra, car si on est pris dans le périmètre de la scène du crime, ou sur la vidéo, en train de filer, ils nous descendent directement au mitard, histoire de nous convaincre de parler au plus vite si on a quelque chose à dire. Et comme naturellement personne n'a rien vu, rien entendu, et n'a donc rien à raconter, les joies du mitard peuvent durer des jours, des semaines, des mois. Au pénitencier, se trouver au mauvais moment au mauvais endroit est la chose la plus idiote qui puisse nous arriver.

Quand l'arme du règlement de comptes entre taulards n'est pas le shunk, la chaussette plombée fait l'affaire.

Chaque prisonnier a droit dans sa cellule à un casier scellé dans lequel il enferme son nécessaire de toilette, les quelques victuailles qu'il peut acheter à la cantine et ses précieux timbres. L'inviolabilité de ce casier est assurée par un cadenas cylindrique à combinaison. Trois ou quatre de ces cadenas enveloppés dans une chaussette deviennent une arme redoutable. J'ai vu un Mexicain se faire exploser la tête avec ce truc-là. C'était affreux. Personne n'a jamais su pourquoi ce type avait été agressé avec une telle sauvagerie. Un coup de folie, sans doute. Le matraqueur ne connaissait sa victime ni d'Ève ni d'Adam, et celle-ci vivait sa détention en père tranquille. Comme beaucoup. Comme tous ceux qui ont passé les deux tiers de leur vie en prison et qui finissent par se persuader que dehors la vie ne serait pas meilleure.

Un soir, j'ai entendu un vieux Black dire à un jeunot du Bronx qui devait rêver de cavale :

— Je sais, la bouffe ici, c'est de la merde. Mais quand j'étais môme dans mon taudis, je bouffais aussi de la merde. Et les rats me couraient dessus la nuit. Ici, on a la merde dans la gamelle, mais pas les rats. C'est déjà ça, fils !

Entendre ces choses-là me faisait pleurer ou gerber. Je me disais qu'un jour, je dégringolerais peut-être aussi bas dans la résignation et que je parlerais et penserais comme ce vieux Black usé, cassé de partout. Ce jour-là, comme lui, je serais devenu un mort vivant. Il ne fallait pas que cela arrive. La nuit, cette hantise me taraudait. J'en faisais des cauchemars. Je me voyais englué dans les poubelles puantes où, enfant, j'allais chercher à bouffer, sans parvenir à sortir mon nez de ce remugle, sans jamais pouvoir relever la tête.

Dès les premiers temps de ma détention, je me suis débrouillé pour ne pas prendre mes repas au réfectoire. Là aussi, on court trop de risques. Depuis, selon le terme en vigueur chez les détenus, je « cantine ». Chaque prisonnier a le droit de disposer de deux cent quatre-vingt-dix dollars par mois. Encore faut-il qu'il ait quelqu'un à l'extérieur pour les lui faire parvenir. Mes avocats s'en chargent. Avec ces deux cent quatre-vingt-dix dollars, j'achète des victuailles à la cantine. Il n'y a pas grand-chose, du maquereau, du thon, des chips, du soda. Les aliments sont conditionnés dans des sachets en plastique qu'il est évidemment impossible de transformer en shunk après usage. Je n'étais pas très épais en entrant en prison mais avec ce régime j'ai perdu plus de dix kilos. Les deux cent quatre-vingt-dix dollars servent aussi à acheter les fameux timbres, bien sûr, ainsi que les produits de toilette et les baskets que l'on porte quand on n'est pas au mitard.

En dehors des périodes d'isolement, on est deux par cellule. Dans la journée, les portes sont ouvertes et les taulards peuvent circuler dans les parties communes. Les W.-C. se trouvent à gauche de la porte de la cellule et pour préserver un soupçon d'intimité, lorsqu'un des deux colocataires doit y aller, il ouvre la porte à la perpendiculaire pour masquer le coin chiotte et accroche une serviette en haut de la porte pour signaler l'opération. Le codétenu, quand il est de bonne composition, va faire un tour dans le couloir pendant ce temps-là. Certains gars tombent sur des connards finis qui ne consentent pas à bouger d'un pouce, alors il faut se résigner à faire ça devant témoin. À terme, la répétition de petites humiliations comme celle-ci donne des envies de meurtre.

Dans le dernier pénitencier où j'achève de purger ma peine, Allenwood, Pennsylvanie, j'ai pour compagnon de cellule un Chicanos, un Mexicain. Il s'appelle Luis Garcia. Du moins, c'est le nom inscrit sur son tee-shirt au dessus de son matricule. Avec lui, je n'ai aucun problème. Il sort quand je le lui demande et je fais de même. La nuit, souvent, je l'entends gémir ou pleurer dans son demi-sommeil. Luis Garcia est un bon gars. Je veux dire un pauvre type qui a eu la naïveté de croire au rêve américain. Une première fois, il a tenté de passer clandestinement la frontière pour s'introduire aux États-Unis. Il s'est fait pincer. Il a tenté le coup une seconde fois et de nouveau les flics lui ont mis la main dessus. Et il a pris trois ans de pénitencier pour récidive.

Trois années dans ce monde de bêtes furieuses pour un gars qui n'a même pas volé une canette de Coca, c'est l'envoyer à l'école du crime ou à l'asile de fous. Luis Garcia déprime sévère. Il ne comprend pas ce qui lui arrive. Il se peut que, là-bas, au Mexique, il ait une femme, des enfants, une famille. Je n'en sais rien. Nous n'avons pas de vraie conversation entre nous. En prison, contrairement à ce qu'on voit au cinéma, on se confie le moins possible car on ne sait jamais à qui on a affaire. Et puis, s'épancher, remuer le passé, regarder en arrière n'est jamais bon. On se mine le moral pour rien et, entre ces murs, si le mental est atteint, la dégringolade arrive vite.

Comme Luis Garcia n'a personne dehors qui puisse lui envoyer le moindre dollar, nous partageons mes maquereaux, mon thon, mes chips. Alors entre lui et moi, ça se passe bien. Rien à signaler. Ça compte, car lorsqu'on se trouve enfermé avec un mec qu'on ne peut pas blairer, cela devient rapidement insoutenable.

Et là encore, la situation peut virer au tragique en un clin d'œil.

Le couloir des cellules donne accès à un escalier en colimaçon par lequel on monte à une sorte de salle de jeu où les prisonniers peuvent se détendre en écoutant de la musique, ou en passant du temps sur des consoles électroniques. Je ne suis pas bien au courant car j'ai toujours évité au maximum de me trouver là. Trop dangereux. Trop de lascars y cherchent des embrouilles. Pourtant, un après-midi, j'y monte, et, brusquement, juste en haut de l'escalier, le drame se noue.

Un type bloque le passage à un autre, un mafflu court sur pattes. Tout se fige à la seconde dans la salle de jeu. Le silence se fait. Je l'ai déjà dit : les fauves pressentent l'orage... Les deux types partagent la même cellule. Celui qui a coupé le chemin à l'autre lui dit :

— Je ne t'aime pas. Tu vas pas rester avec moi. C'est impossible. Je peux pas t'encaisser. D'abord, tu pues !

L'interpellé n'a pas le temps de protester ou de se défiler. L'agresseur sort d'on ne sait où une paire de ciseaux et il se met à crever le pauvre gars de dix ou vingt coups... La nuit, quand je dors mal, c'est-à-dire toutes les nuits depuis ma libération, je revois souvent le petit gros chanceler, pivoter sur lui-même avant de s'effondrer doucement et de rouler au bas des marches. Son sang gicle de partout et son corps fait penser à un arrosoir percé qui perdrait son eau. Dans un film burlesque, la scène ferait rire. Pas dans la réalité. Cette fois-ci, le gars a pu être sauvé, je crois.

Au pénitencier, outre la drogue, il faut éviter deux autres pièges : le jeu et l'homosexualité. La raison en est simple : cela finit toujours mal. Très mal, le plus souvent. Il vaut mieux s'en tenir à l'écart et faire comme si cela n'existait pas.

La première fois que j'ai vu un type se faire sodomiser sous la douche, j'ai failli exprimer ma stupéfaction. Mais pour tout le monde, ça avait l'air normal, alors je me suis repris et j'ai regardé ailleurs.

En taule, au fil du temps, certains prisonniers deviennent de véritables gonzesses. Oui, des filles. Il se peut que leur nature profonde se révèle ici plus librement qu'ailleurs. Ce serait un paradoxe, sans doute, mais le constat est là. Certains deviennent la fiancée de celui-ci, la maîtresse officielle de celui-là. D'autres se mettent à draguer sans vergogne, passant de main en main. On les voit sur le yard se promener au côté de leur homme, presque à son bras, ou solitaires, chaloupant du derrière et coulant des regards prometteurs. En général, ça se termine par des bagarres sanglantes. Des jalousies de collégiens et des haines de roman-photo se font jour. Il suffit qu'un type pose les yeux sur la « fiotte » attitrée d'un costaud pour que ça dégénère grave. Les infidélités, effectives ou fantasmées, se paient au prix fort. Il ne fait pas bon jouer aux dames quand on est à la case prison. Non seulement les pauvres gars qui virent de bord en prennent tant et plus là où je pense selon les caprices des plus forts, mais ils sont méprisés au-delà de ce qu'on peut imaginer. Je me souviens d'une de ces « fiottes » retrouvée morte étranglée dans les douches. Elle a été tuée par jeu, parce que le gars qui se la tapait voulait vérifier s'il est vrai qu'on prend un panard encore plus géant en serrant le cou du partenaire.

Derrière les murs, la vie d'un homme ne compte guère. Alors, la vie d'un homme qui n'en est plus un aux yeux de ces primates ne vaut pas plus que le crachat qu'on lâche sur son passage. Et bien sûr, lorsqu'une rumeur de dénonciation pour un vol de biscuit ou de timbre-poste commence à circuler dans le bloc, ces vilains petits canards sont en première ligne pour les représailles. Dans cet univers simpliste et terrible, l'homo ne peut être qu'une balance. Il n'a que ce qu'il mérite, même s'il ne le mérite pas.

Parfois, derrière ces trajectoires tragiques, le comique rôde. Ainsi, j'ai vu un balèze, un mâle velu, un Raoul de chez Raoul, un maquereau très réputé et très redouté dans les bas-fonds de New York, se muer au fil des mois en une sorte de Castafiore adipeuse et froufroutante, folle de son corps. J'imagine mal que celui-là ait pu retrouver son statut de mac à la sortie. J'aurais voulu être petite souris pour voir ça.

Pour les autres, ceux qui ne se laissent pas tenter par les pratiques homos, je suppose qu'ils se débrouillent comme je l'ai fait moi-même. Cela consiste à mettre en pratique la devise des vieux sages : « Chaque fois que, dans ta vie, tu auras besoin d'une main secourable, c'est au bout de ton bras que tu la trouveras. » Les nuits d'insomnie, lorsque je passais en revue les créatures de rêve que j'avais eues pour maîtresses dans mon autre existence, je ne manquais pas de vérifier la véracité de cette maxime. Ce n'est pas le septième ciel, sans doute, mais quand on est en enfer, il faut savoir faire l'impasse sur le paradis. Et sur ses anges.

L'interdit du jeu n'est pas aussi strict. Pour ma part, je ne me suis pas privé de le contourner. J'aime le jeu, avec une préférence pour le poker. Il m'est arrivé de miser lourd, très lourd, des fortunes. J'ai gagné, parfois. J'ai souvent perdu. En prison, la règle vitale à observer est de ne pas jouer avec n'importe qui. Il faut taper haut. Chaque fois que je suis monté sur un plan poker, je l'ai fait avec des « hommes », des solides, pas des « Mimile ». C'est pour cette raison-là aussi qu'on m'a vu si souvent discuter avec les Italiens, les « parrains ».

La législation américaine interdit la présence de caméras dans les cellules. C'est d'ailleurs pour cette raison qu'autant de règlements de comptes s'y déroulent. Nous nous retrouvons donc dans celle de l'un ou de l'autre pour des parties éclairs. Les matons ne sont pas dupes mais ils savent à qui ils ont affaire. Ils ferment les yeux, seulement ils ne peuvent pas les garder clos trop longtemps. On joue donc vite, à demi-mot, à gestes furtifs. Les cartes apparaissent, disparaissent en un clin d'œil. Pourtant, des sommes importantes sont virtuellement sur le tapis. Il ne faut pas bien long-temps pour balancer trente mille, cinquante mille ou cent mille dollars. Le tout sur parole, puisque le fric est dehors. Pour le paiement des dettes, les avocats reçoivent des consignes, débloquent les fonds et les transfèrent sur tel ou tel compte indiqué par le gagnant de la partie ou, le plus souvent, par ses intermédiaires à l'extérieur. Inutile de préciser que celui qui s'aventu-rerait à faire le rigolo, à tenter de se soustraire au paie-ment serait un homme mort.

Selon les codes particuliers de la vie carcérale, le jeu à ce niveau n'est pas qu'un passe-temps ou la satisfac-tion d'un vice. Il est également considéré comme un brevet de fiabilité et d'honorabilité. Être admis à la « table » de poker d'un caïd confère un rang enviable dans la hiérarchie non officielle mais rigoureuse du milieu pénitentiaire. Un flambeur n'y fait pas long feu. Un frimeur ne tient pas trois donnes. Et l'un et l'autre perdront à ce jeu de con beaucoup plus que leur mise. Du plus bas échelon de la prison au plus élevé, administration comprise, cela se sait. Alors on y regarde à deux fois avant de s'en prendre à celui dont on sait qu'il a sa place dans le carré d'as des taulards de haut rang.

Partout où je suis passé dans mon parcours de détenu au Canada ou aux States, cela a toujours été mon cas. Comme d'autres aimeraient pouvoir le dire, j'ai su tenir mon rang. Toujours. Un aveu ? J'en suis fier.

Comme je n'ai pas beaucoup de bagages en arrivant à l'aéroport de Londres, je n'ai pas besoin de chariot. Je ne risque donc pas de heurter les mollets de quiconque. Quant au plateau-repas, j'y ai renoncé depuis belle lurette.

Une équipe de télévision américaine a fait le voyage depuis les États-Unis pour m'interviewer et tourner un sujet sur mon histoire. Je n'en reviens pas. Dans un monde où tout passe et où tout lasse si vite, j'existe encore. Bien sûr, ça me fait plaisir. J'aime bien les médias, j'aime aussi – pourquoi le cacher ? – qu'ils s'intéressent à moi. Il paraît qu'aux États-Unis, pour ne parler que de ce pays, les articles consacrés à mes aventures se comptent par milliers. À mon arrivée à Londres, un journaliste me remet une copie internet de la dernière édition du *Washington News*. Il y a un article en bonne page, avec ce titre qui me fait bien marrer : « Le retour du héros au pays ».

Néanmoins, en la circonstance je trouve qu'ils vont vite. Ils ne me laissent pas beaucoup de temps pour respirer et retrouver mes marques. Finalement, il se peut que ce soit aussi bien ainsi. Moins j'aurai le loisir de ressasser les duretés du pénitencier, plus vite j'en guérirai, si toutefois il est possible de s'en remettre tout à fait. J'en doute. L'avenir me le dira.

Dans ma cellule à Allenwood, lorsque j'ai appris l'imminence de ma libération, j'ai aussitôt décidé de commettre encore une folie, de courir un risque de plus. Très souvent dans ma solitude carcérale, j'ai revécu mon passé, notamment mon enfance en Normandie, chez mes parents, chez mon grand-père puis à l'orphelinat, et je me disais à chaque fois : « Dès que tu sors de là, tu files à Honfleur où tu es né, dans le village où tu as vécu, à l'orphelinat d'où tu as fugué. Il le faut. »

Je me suis fait cette promesse solennelle quand j'avais du béton tout autour de moi et des chaînes aux mains et aux pieds. Maintenant que je suis libre, j'ai en quelque sorte le dos au mur. Je ne sais pas si je suis prêt dans ma tête et dans mon cœur à affronter le retour aux sources, mais je n'ai pas le choix. Je ne vais tout de même pas me dérober. Et puis je me persuade que le plus tôt sera le mieux et que plus je tarderai, plus je serai happé par la vie et plus j'aurai beau jeu de m'inventer des excuses pour me soustraire à ma promesse.

Alors c'est dit, dès que je touche le sol de France, je prends la direction de la Normandie. Au risque que mon passé glauque, mon enfance catastrophique ne me sautent au visage et que les blessures anciennes ne se remettent à saigner.

Je vois déjà les titres des journaux : « Rocancourt à la rencontre de Christophe, ou le retour aux sources d'un môme paumé ».

– 3 –

LA BLESSURE

Les lieux parlent. Surtout ceux de l'enfance. Dans le souvenir, tout est beaucoup plus vaste, comme si grandir, devenir adulte rétrécissait le monde.

Même le bourg normand où j'ai vécu mes premières années avec mes parents me semble rapetissé lorsque, presque trente ans après l'avoir quitté, je le vois soudain se profiler au bout de la méchante route qui conduit à ce coin de campagne vallonnée. Je descends de voiture. Le chauffeur et le garde du corps me laissent m'approcher seul des endroits « sensibles », ceux qui ont marqué ma petite enfance. J'ai demandé à mon avocat de me procurer une voiture dès mon arrivée à Paris, avec chauffeur car je ne suis pas sûr d'être à l'aise sur les routes de France, quittées depuis si longtemps. Quant au garde du corps, c'est pour ma tranquillité. Je veux bien accorder – ou vendre – quelques interviews ou photos, mais aux médias de mon choix, et quand je le souhaite. En dehors de ça, j'ai envie de savourer sans témoin ma fraîche liberté, et de réfléchir dans le calme à mon avenir.

Les journalistes, photographes et cameramen accrédités pour la circonstance restent eux aussi à distance. Il n'a pas été nécessaire de faire passer de consigne pour qu'ils respectent cet instant particulier et la solitude qu'il exige. Ils le font spontanément. J'apprécie leur délicatesse.

J'ai les jambes molles, les derniers pas sont difficiles, mais je ne me vois pas renoncer. Il faut en finir un jour ou l'autre avec les fantômes.

Tout commence là, sur ce terrain, situé derrière l'église et le presbytère, où le curé tolère avec une infinie patience la caravane de mes parents. Ils n'ont pas assez d'argent pour louer et encore moins acheter une maison. Ils ont été autorisés à poser la caravane à cet endroit, provisoirement. Mais le provisoire dure et c'est là que ma vie débute.

Mes parents sont beaux. Tous deux sont issus de milieux très modestes. Dans mon souvenir, ma mère a de la race. Elle est d'une beauté vénéneuse, sensuelle, incandescente, comme la Carmen de l'opéra de Bizet. Mon père n'est pas très grand mais je le trouve assez bien balancé. Il ne paraît pas costaud, mais il l'est. Il a le sang chaud et les nerfs à fleur de peau. Impulsif, bagarreur, il ignore la peur.

Quand on a de la force, des poings, quand on ne craint pas d'en prendre plein la gueule et qu'on est pauvre, on tente de s'en sortir avec les seules armes dont on dispose. Mon père a été boxeur dans son jeune temps. Il a cherché à fuir la misère en montant sur le ring. Il espérait le gros lot, il a eu le K.-O. Moins que l'uppercut qui vous envoie au tapis pour le compte, le K.-O., le vrai, c'est le coup de gong qui sonne la fin du combat de trop, le moment terrible où il faut se rendre à l'évidence : on ne décollera pas du petit niveau et on n'ira pas plus haut que les basses combines des combats minables dans les arrière-salles de banlieue. Alors il ne reste plus qu'à jeter les gants, abandonner les rêves de gloire et de fric et rentrer dans sa tanière.

Mon père est devenu docker. Des journées de douze ou quinze heures à se briser les reins quand il y a du boulot, alternant avec des périodes d'oisiveté forcée quand il n'y en a pas. Puis il a trouvé à bosser dans une carrière.

Il se soûle à mort, mon père. Il prend des cuites phénoménales. Au guidon de sa mobylette, il parcourt en long et en large cette région entre Pont-Audemer et l'estuaire de la Seine et il fait tous les troquets. Après le travail sur les docks ou à la carrière, il se soûle pour se remettre d'avoir trimé si dur. Dans les périodes sans emploi, il s'assomme à la bière pour se consoler de ne pas avoir de boulot, et donc pas de rentrée d'argent. D'ailleurs, pour ce qui est des sous, qu'il bosse ou non, cela ne change pas grand-chose. Il ne gagne pas beau-coup et il faut bien dire que la plus grande partie de ses gains passe au bistrot. Il doit régler les ardoises qui traînent mais aussi, parfois, indemniser pour de la casse. Je crois que dans sa tête mon père n'est jamais descendu du ring. C'est plus fort que lui, il continue de cogner. Même très soûl, tenant à peine sur ses jambes, il y va, il balance des prunes à droite et à gauche.

Bien que je sois tout môme, je ne vais pas tarder à comprendre les raisons d'une telle fureur et d'un si grand désarroi. Il n'y a pas que la fatigue ou la peur du chômage. Et ce n'est pas après les malheureux naufragés de comptoir sur qui il tape que mon père en a, mais après lui-même, après ce qu'il est devenu. Il se déchaîne contre ce qu'il endure, contre ce qu'il accepte par amour. Le soir, le vin aidant, c'est avec son propre destin que mon père boxe. Il hurle sa douleur avec ses poings.

J'assiste trop souvent à ces bagarres. Papa m'emmène avec lui parce que nous dérangeons à la maison. Il me pose dans un coin reculé du café avec une grenadine à l'eau ou un Malabar. Là où il y a un flipper, il me juche debout sur une chaise et je joue. Lui s'en va s'accouder au bar et commence à boire. Bien vite, il m'oublie. Je regarde, j'écoute. J'entends ce qu'un gosse ne devrait jamais entendre. Déjà, en avant-première de ce que j'expérimenterai plus tard au pénitencier, j'acquiers ce sixième sens qui me fait pressentir la bagarre avant qu'elle n'éclate. Alors je me blottis dans un angle de murs et j'attends que la tempête passe. Parfois, les coups sont si violents que je me terre à même le sol, sous les chaises et les tables. Quand on me relève, je suis tétanisé et je tremble de tout mon être.

Il faut peu de chose pour mettre le feu aux poudres. Une réflexion, une plaisanterie graveleuse. Toutefois, peu à peu je m'aperçois que ce sont des allusions, toujours les mêmes, qui déclenchent les plus grandes colères. Je n'en comprends pas tout de suite le sens, sans doute, mais elles me mettent mal à l'aise sans que je sache très bien pourquoi.

En général, la plaisanterie finaude vient d'un type qui a déjà un coup dans le nez. Avec une œillade appuyée pour les autres consommateurs, il lance à travers le bistrot à l'adresse de mon père :

— T'as tort de t'attarder ici, mon vieux. Je suis passé pas loin de ta caravane tout à l'heure. Y a une auto arrêtée devant, pas loin. T'as de la visite sûrement. Tu fais attendre ton visiteur et ce n'est pas bien poli...

Ou encore ce sont d'autres subtilités du genre :

— C'est-y pas gentil, une épouse comme ça qui prend soin de garder le lit de son homme bien au chaud du matin au soir !

Inévitablement, mon père finit son verre d'un trait, le pose ou le brise sur le comptoir et c'est parti :

— C'est pour moi que tu parles, hein ! Répète un peu pour voir...

L'enchaînement habituel du mot qui en entraîne un autre, la première beigne et le grand déferlement avec, en victime innocente, le pauvre gars gavé de cidre ou de pinard qui se fait un devoir de s'interposer. Celui-là, régulièrement, se prend les premiers gnons.

De médiateur improvisé, il devient attiseur de l'incendie et principale victime.

— Non mais, il me cogne, ce con ! braille-t-il. J'y suis tout de même pour rien si sa femme... hein, si sa femme... hein, je me comprends !

Quelquefois le cafetier ou un copain ramènent mon père sur une brouette jusqu'à l'entrée du terrain, près de l'église. Puis ils repartent bien vite, comme si le diable habitait la caravane. Pendant le trajet, je marche à côté de la brouette, poussant la mobylette paternelle, rêvant peut-être au jour où je serai assez grand pour monter dessus. Et me tirer loin de tout ça.

Au hasard de ces castagnes, il arrive que le sang coule. Un type sort un couteau et l'affaire vire au vilain. Les gendarmes s'en mêlent, et papa cogne de plus belle. Menottes aux poignets, il rue, éructe, insulte, se débat comme un démon. Je revois son visage déformé par la fureur. Ces scènes sont effrayantes. Elles me terrorisent mais, fasciné, je n'en perds pourtant pas une miette.

Les seules fois où je me cache le visage dans les mains, c'est quand ma mère et mon père, après s'être déchirés une partie de la nuit, en arrivent à se taper dessus. La caravane tangue sur ses roues et, dans cet espace réduit, la violence des cris et des coups prend une dimension d'apocalypse. Les nuits qui suivent, cent fois dans mon sommeil je revois ces scènes terribles, la lutte hystérique de ces corps dans la lueur d'une pauvre ampoule ou de la lampe à gaz quand on n'a plus de courant.

Le lendemain, mon père semble ne se souvenir de rien. Pourtant, il évite de me regarder, ou quand il le fait, je vois dans ses yeux plein de détresse et d'impuissance. J'ai mal. Je l'aime tant, papa.

Ma mère, ce n'est pas qu'elle soit méchante. Elle ne veut de mal à personne, je pense. Simplement, nous la dérangeons, papa et moi.

Mon père quitte la caravane très tôt le matin pour se rendre sur le port dans l'espoir de trouver de l'embauche à la journée, ou, plus tard, pour filer à la carrière distante d'une quinzaine de kilomètres. Ma mère s'attarde au lit. À peine s'est-elle levée que ma présence l'excède. Elle est lente, le matin au réveil. Elle fait chauffer son café, le sien seulement, va et vient mollement en traînant la savate, et quand enfin elle pose un œil sur moi et m'adresse la parole, le plus souvent c'est pour dire des choses aussi agréables à entendre que :

— Tu ne vas pas rester dans mes pattes comme ça toute la journée. Va te promener, va jouer dehors, va où tu voudras. Tu n'auras qu'à rentrer avec ton père, ce soir... Allez, remue-toi. Tu comprends ce que je te dis ou il te faut un dessin !

Alors je m'en vais et, toute la journée, je traîne dans les environs, sans but, seul. Mes rêves me tiennent compagnie et très tôt je me mets à fouiller dans les poubelles pour trouver de quoi tenir jusqu'au soir. Cela ne s'oublie pas. Toute sa vie on se revoit en train de raser les murs, de se faufiler sous les fenêtres des villageois pour tripatouiller dans les déchets de ces gens qui vous méprisent. Il y a toujours un imbécile de chien pour aboyer à la mort comme si on égorgeait ses maîtres et une vieille qui ricane derrière ses rideaux. Et gare à moi si le bonhomme ou la bonne femme propriétaire de la poubelle me surprend. Je leur piquerais leur bas de laine, ils ne hurleraient pas plus fort. Ce qu'ils jettent dans leur poubelle, ce ne sont que des déchets sans doute, mais ils sont à eux, ils sont leur propriété, leur bien. Non mais ! Pas touche ! Alors, je détale. Je cours très vite sur mes petites jambes maigres. Surtout, je passe là où personne ne pourrait me suivre. Je ne suis même pas certain que leur cabot s'y risquerait. Je sais me couler dans les fossés, me frayer un chemin dans d'inextricables bosquets et les ronces ne m'arrêtent guère. Je suis un sauvageon, et j'aime ça.

Quand je suis viré de la caravane et qu'il fait mauvais – il arrive qu'il pleuve en Normandie – je trouve refuge où je peux, dans une vieille grange abandonnée sous un appentis de prairie à chevaux ou sous de grands arbres. Avec les premiers froids, je me rapproche d'instinct du village et de la caravane en me dissimulant derrière une haie et je me planque dans un bosquet au pied d'un hêtre. De cet endroit, je vois le terrain derrière l'église. Je sais que lorsqu'une voiture se trouve garée à proximité je n'ai pas intérêt à me pointer au logis. Or, il y a presque toujours une auto arrêtée dans le coin, plus ou moins bien cachée. Cela m'intrigue un peu, évidemment, mais lorsqu'on est enfant on ne se pose pas trop de questions sur ce qu'on voit autour de soi pratiquement tous les jours. On pense que c'est comme ça, et on ne va pas chercher plus loin. Il en va pour les voitures comme pour la violence quasi quotidienne dans laquelle je baigne : elle me semble presque naturelle et je ne me demande même pas comment cela se passe chez les autres.

Entre mes parents, la tension ne cesse de monter. Un enfant sent très bien ces choses-là et les adultes se fourrent le doigt dans l'œil jusqu'au coude quand ils se disent : « Il est trop petit pour comprendre. Heureusement pour lui ! » C'est faux. Pour peu qu'il soit sensible, le môme devine avant eux et mieux qu'eux ce qui s'amorce.

Mon père aime ma mère d'un amour idolâtre. Elle est tout pour lui. Il l'a dans la peau et même aux pires heures de cauchemar, il ne peut s'empêcher de la regarder avec des yeux d'amoureux transi. Ma mère, elle, n'aime pas mon père. Elle n'aime qu'elle-même. Elle l'a sans doute épousé parce qu'il est beau mec et aussi parce que je suis né. Ils se sont rencontrés à une fête foraine. Un type a tenté d'entraîner celle qui allait être l'auteur de mes jours derrière une baraque pour la violer. Tel Zorro, mon père est arrivé. Je le sais parce que dès qu'il a un verre dans le nez il raconte cette prouesse à la cantonade. Il a cassé la gueule au sale type et ma mère en a été charmée. Ils se sont revus, ils ont couché et je suis né. L'accident bête. Ils ont régularisé en se mariant. Toutefois, je pense que le souci des convenances a dû compter fort peu pour ma mère, car il faut au moins lui reconnaître cette qualité : la respectabilité, le qu'en-dira-t-on, elle n'en a jamais rien eu à faire ! C'était le cadet de ses soucis et elle a su s'abstenir de toute hypocrisie.

De plus en plus souvent, lorsqu'il n'est pas soûl, mon père me pose des questions. Il fait l'indifférent mais je vois bien qu'il appréhende mes réponses.

— Est-ce que quelqu'un est venu aujourd'hui à la caravane ?

Ou encore, sur un ton faussement désinvolte :

— Dis-moi, mon fils, j'ai vu une Citroën bleue passer par ici je ne sais plus quand. Tu sais, la belle bagnole que je t'ai montrée l'autre jour, devant le café. Tu l'as vue dans les parages, toi, ces derniers temps ?

Ou, sur la fin, avec une exaspération qui lui inspire des phrases plus directes :

— Si ta mère recevait de la visite pendant que je ne suis pas là, tu me tiendrais au courant, hein ?

Moi, je ne dis rien. Je ne soupçonne pas vraiment ce qui se passe, mais je flaire le drame qui s'ensuivrait si je me mettais à raconter que je vois de plus en plus de voitures faire une halte près de chez nous.

Bien sûr, la suspicion de mon père attise ma curiosité. Un matin, alors qu'il est parti depuis un bon moment, le scénario habituel se reproduit.

— Va t'amuser dehors, me dit ma mère. Il fait beau aujourd'hui. Ne me dérange pas, j'ai des tas de trucs à faire...

56

Je ne réponds pas et je file. Je m'éloigne de quelques centaines de mètres puis, en me dissimulant derrière la haie, le long du fossé, je viens m'embusquer près de mon arbre et je commence à attendre, l'œil rivé sur la caravane.

Je n'ai pas à patienter bien longtemps. Je ne suis pas là depuis un quart d'heure qu'une voiture arrive, ralentit et va se ranger un peu plus loin, à l'écart de la place de l'Église. Une belle Citroën bleue. Mon sang bat dans ma tête. Un instant, j'ai envie de fuir, mais c'est plus fort que moi, je sors de ma cachette, me glisse dans la cour, me faufile le long de la caravane jusqu'à la lunette arrière. Accroupi, j'hésite encore à me hisser sur la pointe des pieds pour regarder à l'intérieur. Enfin, je risque un œil... Je ne comprends pas bien ce que je viens d'apercevoir. Je n'ai pas regardé assez longtemps, alors je me force à observer mieux.

Et mon sang se glace. Derrière la vitre, là, sur le lit de mon père, ma mère est nue sous un homme laid et gras. D'ailleurs tout est laid dans ce que je découvre, ma mère d'abord, sa nudité offerte, son agitation sous ce corps, son sourire halluciné, ses jambes écartées...

Mes doigts d'enfant crispés sur le rebord de la vitre, je reste là, médusé, incapable de bouger. La peur qu'ils me voient me pousse tout de même à rentrer la tête dans les épaules. Pendant quelques instants, je ne vois plus rien, puis lorsque je porte de nouveau mon regard à hauteur du carreau, le gros porc se trouve de trois quarts dos par rapport à la fenêtre. Il a remis son pantalon. Ma mère, assise au bord du lit, de l'autre côté, enfile son peignoir de faux satin. Le type sort alors un billet de sa poche et le laisse tomber sur le lit, le lit de mon père. Sans même se retourner, ma mère ramasse le fric et le fourre dans la poche de son peignoir...

Après, je ne sais plus. Je ne veux plus rien voir. J'ignore même comment je me retrouve à deux kilomètres de là dans une grange abandonnée. Je suis comme fou. Le mot « prostituée » ne me sera connu que plus tard, mais la réalité de l'horreur, elle, vient de m'être jetée à la gueule. Même si ma présence la dérange, ma mère était jusqu'ici pour moi une personne sacrée. Superbe, « inabordable ». Cet homme immonde, cette femme, qui n'a plus rien à voir avec une maman, à sa merci et semblant y prendre du plaisir, l'argent pour terminer : je n'y comprends rien mais ma répugnance est instinctive. Je ne le sais pas encore, mais on vient de me priver pour toujours de la découverte émerveillée de la féminité... et d'une certaine aptitude à l'amour. L'amour total, confiant, respectueux et intimidé. Bien sûr, plus tard, dans les bras des merveilleuses créatures que j'aurai la chance de séduire, dans les chambres de rêve et les draps de soie, j'oublierai l'image de l'auteur de mes jours dans le désordre bestial d'une rencontre de caravane. Mais, sauf avec la mère de mon fils, je ne retrouverai jamais la confiance.

Le soir de ce même jour, avant d'être trop soûl, mon père m'attrape par le bras et me demande :

— Est-ce que quelqu'un est venu dans la journée ?
Est-ce que tu as vu une voiture ?

Du haut de mes cinq ans, je soutiens son regard.
Aujourd'hui encore je m'entends lui répondre :

— Non, personne. Non, pas de voiture.

– 4 –

FILS DE PERSONNE

Peu de temps après cette scène, hélas ! inoubliable, il se produit un événement rare pour nous autres qui vivons dans la misère : une fête de famille. Nous nous rendons à Foulbec, à quelques kilomètres de Conteville. Là, vit ma grand-mère maternelle. Une femme remarquable qui a élevé ses douze enfants dans des conditions très difficiles. Elle est veuve depuis longtemps, ses enfants sont grands et elle a refait sa vie avec un homme singulier et lui aussi exceptionnel. Je l'ai toujours considéré comme mon vrai grand-père. Il est gitan d'origine, ce qui fait qu'on le regarde un peu de travers dans le bocage, mais il a combattu en Indochine et cela lui vaut un certain prestige au village. Un prestige teinté de crainte. Son passé de baroudeur impressionne.

La petite fête familiale est organisée en son honneur. Ce jour-là, devant le monument aux morts, la municipalité commémore ses fils tombés au combat dans les conflits d'Orient et d'Afrique du Nord. Nous nous sommes habillés au mieux, ce qui signifie juste un peu moins pauvrement que d'ordinaire. Ma mère, elle, brille par une certaine élégance. Elle a mis le paquet, comme on dit. Qu'elle ait fait un tel effort pour nous, la famille, devrait nous flatter. Je la trouve belle dans sa jupe large et son bustier près du corps. Pourtant, elle a le visage fermé et elle semble nerveuse. Elle ne parle que pour répondre au salut des uns et des autres mais n'adresse la parole ni à mon père ni à moi.

La cérémonie prend fin. Ma grand-mère me tient par la main de crainte que je ne file à l'anglaise et nous suivons le mouvement de l'assistance qui se dirige vers l'endroit où sera servi le vin d'honneur.

Soudain, j'ai un pressentiment. Je tourne la tête en tout sens. Je ne vois plus ma mère près de nous. Elle n'est plus là. J'échappe à ma grand-mère et je reviens sur nos pas à travers la petite foule. Je vois alors ma mère qui s'en va à contre-courant. Elle me tourne le dos, elle marche à pas pressés, puis elle monte dans une voiture. À la seconde même je comprends qu'elle s'en va pour de bon, qu'elle nous quitte, mon père et moi. Je cours vers l'auto, je voudrais crier mais rien ne vient. Le moteur tourne, je m'accroche au montant de la portière, ma mère me lance quelque chose comme « dégage ! », je ne sais plus, et sans se soucier de ce qui peut arriver, elle claque la portière. La voiture démarre et s'éloigne à toute vitesse.

J'ai mal. Je souffre autant dans ma tête et dans mon cœur que dans mon corps. Il y a du sang partout et ma main m'élance bientôt si fort que je suis près de perdre connaissance. J'ai une partie de l'auriculaire gauche sectionnée. Quelqu'un a le réflexe de m'envelopper le doigt dans un mouchoir, et je pleure... J'ai le droit de pleurer devant ces gens puisque je suis blessé, mais moi je sais bien que ce n'est pas sur ma plaie et sur mon sang que je verse des larmes.

Ma mère est partie. Elle nous a abandonnés sans un mot, sans se retourner. Elle me laisse en souvenir une poupée ensanglantée au bout de la main et, dans la bouche, le goût de cendre de la trahison.

Je ne l'ai jamais revue.

Quelque temps plus tard, mon père se dégotte un amour de substitution. Il se met en ménage avec une autre femme et nous partons tenter une nouvelle chance à Pont-Audemer. Très vite, il faut se rendre à l'évidence : ça ne marche pas.

Là aussi, d'une certaine manière, je dérange. La compagne de papa voit d'un mauvais œil la présence d'un enfant qui n'est pas le sien et elle ne se prive pas de me le faire sentir. Je dois reconnaître que, de mon côté, je n'y mets guère du mien pour me faire apprécier. Je continue de vivre ma vie comme à la caravane, sans contrainte et sans but. Je traîne toute la journée, je ne supporte aucune autorité, sauf, par moments, celle de mon père quand il est en mesure de l'exercer, ce qui est fort rare car, après une brève période de rémission au début de sa liaison, il boit toujours autant.

Le constat d'échec s'impose bientôt et l'on décide de me confier à ma grand-mère maternelle, à Foulbec. C'est la meilleure chose qui puisse m'arriver car habiter chez ma grand-mère, cela signifie pour moi vivre au côté de son compagnon, le Gitan, le légionnaire, l'ancien d'Indochine. Sorti miraculeusement vivant de la cuvette mortelle de Diên Biên Phu, il a l'impression de faire du rab sur cette terre et, de ce fait, considère l'existence et ses aléas avec un certain détachement.

Lui, avec ses grosses moustaches, son feutre vissé sur l'arrière du crâne et son regard sombre, je l'adore. Comme il me le rend bien, on ne peut rêver mieux. Les quelques fois où je l'ai vu chez ma grand-mère avant la séparation de mes parents, nous avons tout de suite été complices. Lui et moi sommes des êtres d'instinct et il ne nous a pas fallu des heures pour nous jauger et nous reconnaître.

Les vrais moments de bonheur et d'apaisement de mon enfance, je les lui dois. Le bonhomme n'est pas loquace. Il parle quand il veut et surtout avec qui il veut. Un jour, ma grand-mère me confie, admirative :

— Je ne sais pas comment tu t'y es pris, petit, mais mon homme t'a raconté plus de choses en quelques semaines qu'à moi en une dizaine d'années.

C'est vrai, il me parle beaucoup. Souvent, il le fait dans sa langue d'origine, celle des Tsiganes, le romani. Au fil du temps, un étrange phénomène se produit :

bien qu'il ne m'enseigne pas cette langue, je finis par la comprendre, ou pour être plus exact, par la deviner. Je serais incapable de traduire mot à mot, mais je sais ce qu'il me dit. Plus tard, au début de ma vie aux États-Unis, ce phénomène se reproduira. Je ne comprendrai pas réellement la langue, mais je ne me tromperai guère sur le sens des propos tenus.

Ce « grand-père » vénéré m'apprend à me débrouiller seul, à survivre sans moyens. J'ai déjà parcouru un bon bout de chemin sur cette voie au temps de la caravane et des escapades prescrites par ma mère, mais il peaufine mes connaissances en ce domaine.

Nous allons à la rivière, la Risle, et nous pêchons ou plus exactement nous braconnons. Il sait prendre du poisson avec une branche de coudrier prolongée d'une fourchette dont on aplatit les dents entre deux pierres pour la transformer en une sorte de harpon. Comme aucune loi, en France, n'interdit de se promener avec une fourchette mal fichue dans la poche et un bout de noisetier à la main, sauf à être surpris dans le feu de l'action, on ne court aucun risque. Le Gitan me montre aussi comment capturer une poule en un clin d'œil, juste avec un bâton. Celui du harpon fait l'affaire et l'on passe ainsi du rayon poissonnerie à l'étal volaille en un instant. Tout le secret réside dans l'agilité du bras et du poignet. Il faut être prompt. Dans un mouvement circulaire très rapide, le volatile se trouve comme balayé au sol par l'extrémité du bâton et en un éclair il finit emprisonné sous l'aisselle du braconnier. La poule est rarement d'accord. Elle caquette à tout va et il ne reste plus qu'à courir vite pour ne pas se faire pincer. Là où il y a des poules, il y a un fermier, et là où il y a un fermier il y a au moins un chien. Et un fusil.

De temps à autre, les gendarmes se montrent. À la moindre rumeur de chapardage dans le canton, les soupçons se portent sur le bouc émissaire idéal, le Gitan. Parfois, la visite de la maréchaussée met mon grand-père hors de lui et il menace de faire le coup de feu ; d'autres fois, il prend l'intrusion avec philosophie et il attend sagement que l'orage passe.

Une fin d'après-midi, alors que le soir tombe sous un ciel bas d'automne, je vois les gendarmes descendre de leur Estafette, qu'ils ont garée devant la maison. Ils sont quatre. Deux jeunots intrigués et gauches – des débutants –, un brigadier ventru et le chef, un adjudant en fin de parcours. Mon grand-père reste planté devant eux, les mains dans les poches. Les gendarmes forment une sorte d'arc de cercle devant lui, à environ trois mètres. L'adjudant, qui tient à montrer de quel bois il se chauffe devant les deux néophytes, attaque bille en tête.

– On a encore des plaintes contre toi. Ça ne peut plus durer. Nous autres, on s'est toujours montrés assez patients eu égard à ton passé de soldat, mais là tu pousses le bouchon un peu loin. Maintenant, tu vas me dire où tu te trouvais hier après-midi entre 16 heures et 19 heures.

Je revois avec délices l'air matois de mon grand-père. De la ruse dans le regard, mais juste ce qu'il faut pour ne pas froisser la susceptibilité du pandore. Le chapeau rejeté en arrière, sa silhouette massive bien carrée sur ses deux jambes, je l'entends encore grommeler :

— Va savoir, j'ai pas de montre...

Ce sont les seuls mots qu'il consent à prononcer. L'adjudant a beau lui poser dix ou vingt autres questions sur son emploi du temps des jours précédents, sur ses moyens d'existence, aucun son ne sort de sa bouche. Pas une parole, pas une seule mimique qu'on puisse interpréter comme du mépris ou de l'hostilité. Jamais je n'oublierai l'impression de force que dégage alors mon grand-père. Il reste immobile comme un chêne, il paraît absent et il attend que l'autre se lasse.

Ayant épuisé ses questions et ses arguments, le gendarme renonce.

— Si tu n'étais pas ce que tu es, un ancien de la Légion, je fouillerais ta baraque de fond en comble et je trouverais bien de quoi te foutre au gnouf...

Puis, battant en retraite, le ventru et les jeunots sur ses talons, il lance, histoire de ne pas perdre la face :

— Faut pas faire attention. L'Indo, ça les a tous rendus fous. Alors, entre militaires, on peut comprendre ça. Mais quand même, il y va un peu fort ces temps-ci. Et ce n'est pas un bon exemple pour le gamin. Tout ça, ça va mal finir un jour ou l'autre.

Quand l'Estafette redémarre et disparaît derrière le premier virage, mon grand-père ne manifeste ni joie, ni sentiment de triomphe ni même soulagement. Il replace son feutre sur ses abondants cheveux et tourne les talons pour reprendre sa vie là où il l'a laissée. Pour lui, il ne s'est rien passé.

Ce jour-là, il m'a donné une belle leçon, qui me sera d'un grand profit par la suite. Inconsciemment, c'est son attitude en cette fin de journée d'automne que j'ai reproduite aux pires heures de mes déconvenues devant les flics américains et canadiens, les US Marshals, les durs à cuire du FBI et les agents des services américains de l'immigration : comme lui, je me suis fermé comme une huître, j'ai oublié jusqu'à mon nom et je me suis fossilisé dans l'inertie et le silence.

Avec le « Gitan », je vis le plus souvent pieds nus ou alors chaussé de vieilles savates usées et trop grandes trouvées dans les décharges publiques.

Un jour, on s'avise tout de même de m'envoyer à l'école. J'y débarque bien sûr les orteils à l'air et plus ou moins vêtu de guenilles. Le scandale est considérable. À l'heure où l'on marche sur la Lune, comment se peut-il qu'un gosse puisse franchir le seuil d'une école sans chaussures ? Les autres mômes ricanent et se bousculent pour contempler mes pieds comme s'ils n'en avaient encore jamais vu. Il n'y a pas à dire, je fais sensation.

Outrée et désarmée, la maîtresse hésite quelques instants sur l'attitude à prendre, puis elle décide de me renvoyer.

— Tu ne dois pas rester dans cette tenue. Tu reviendras lorsque tu seras chaussé ! Il faudrait que je parle à tes parents. Dis-leur de venir me voir après la classe un soir de la semaine prochaine, celui qu'ils voudront.

Parler à mes parents, la belle idée ! Ma mère a disparu avec un type à Paris et mon père file l'imparfait amour entre une femme de rencontre et ses soûleries quotidiennes.

Toutefois, le lendemain je reviens à l'école. Je porte des godasses qui correspondent à peu près à ma pointure et que mon grand-père est allé chaparder Dieu sait où. Ce n'est pas terrible, mais cela fait l'affaire et la maîtresse m'accepte.

Cependant, il ne me faut guère plus que cette première matinée pour comprendre que, sur ce banc de classe, devant ce tableau vert, enfermé entre ces murs ornés de cartes de géographie auxquelles je ne comprends rien, je vais m'ennuyer ferme. Je ressens très fort l'appel du bocage, des fossés et des haies, de la rivière et des bois à champignons. Midi n'a pas sonné au clocher que j'ai déjà réalisé que je ne vais pas faire long feu dans le giron de l'Éducation nationale.

Les autres écoliers me regardent avec des yeux ronds, alors je décide d'en jouer. J'en rajoute, j'en fais des tonnes et c'est là, en quelque sorte, à l'école du village, que débute ma carrière de bonimenteur... Si je marche pieds nus, c'est que je suis un Indien, et si mon grand-père ne vit pas comme tout le monde, c'est qu'il est lui-même un chef indien. Quoi de plus vraisemblable ? Autour de ce scénario de base, je brode à l'infini.

J'invente cent péripéties, je déverse des tombereaux d'anecdotes et d'aventures. Je m'invente – déjà ! – une généalogie peau-rouge à faire pâlir d'envie Geronimo en personne. Les morveux m'écoutent, béats. Pas un seul n'a l'idée de mettre en doute ce que je raconte et je suis moi-même sidéré de constater à quel point il est facile de les embarquer dans mes délires.

À coup sûr, je tiens là mon premier grand succès en tant que scénariste et comédien. Aussi personne n'est véritablement surpris de ne me voir fréquenter l'école qu'en pointillé. On ne peut tout de même pas contraindre le fils d'un grand chef apache à respecter les horaires scolaires et à se soumettre à la table de multiplication par trois !

Chaque fois que je croise un garnement sur une place de village ou au détour d'un chemin creux, il m'aborde avec crainte et respect et s'empresse de me quémander une ruse de Sioux pour attraper les grenouilles, édifier un tipi digne de ce nom et fumer le calumet de la paix sans quinte de toux. Naturellement, en échange de quelques caramels, de quelques billes ou d'une pièce de monnaie, je consens à lever un pan de mes secrets ancestraux. Pour cela, je prends un air de vieux sage, je fais asseoir le gamin en tailleur, à la manière des Indiens véridiques, et je lui ordonne de jurer sur sa tête et sur celle du grand Manitou de garder le secret jusqu'à la mort.

Il arrive que l'un d'eux, plus audacieux que la moyenne, me demande de devenir son frère de sang. Je me montre réticent mais je finis par accepter. Le

tarif est évidemment supérieur à celui d'un banal ren-
seignement de sorcier. Les billes doivent être en verre
et de bonne taille, et accompagnées de deux pièces de
monnaie d'une valeur minimale d'un franc chacune. Un
Sioux est un Sioux. Rendez-vous est pris au pied du
grand arbre sacré, nous nous entaillons très superficiel-
lement les poignets, et nous nous les lions un moment
tandis que je déblatère des conneries en une langue
improbable qui tient du romani de mon grand-père et
des éructations incompréhensibles de mon père au pire
de ses cuites.

Qu'importe ! Le gamin repart ravi. Et moi, je m'amuse
comme un petit fou.

Pourtant, malgré une scolarité presque inexistante, je
parviens à apprendre à lire. Cela tient du miracle, mais
je le dois également à la bienveillance d'un des voisins
de ma grand-mère, un des rares – peut-être même le
seul – qui ne nous traite pas en pestiférés. Je ne sais
plus si j'ai jamais connu son nom. À lui aussi je suis
redevable de parcelles de bonheur. Nous l'appelons le
« British », tout simplement parce qu'il est anglais. Il a
ce côté sympathique des Britanniques qui ne s'étonnent
de rien et qui semblent ne jamais juger leurs contem-
porains sur les apparences. Pour lui, qu'on ait grandi
dans une caravane, sur une péniche ou à Buckingham
Palace, c'est égal. Il parle avec un accent formidable et
trahit assez volontiers le whisky de ses origines pour
le calva made in Normandie. Avec ça, curieux de tout,

disert et jovial. Je me rends chez lui quand cela me chante et il a la gentillesse de ne jamais se montrer surpris ni importuné.

Or, le British détient un trésor. Un trésor qui emplit presque toute sa maison et dans lequel il me laisse m'immerger jusqu'à l'ivresse : des livres ! Des milliers d'ouvrages entassés dans un bordel sympathique et poussiéreux. Chez lui, je découvre les aventures de Tintin et toutes les bandes dessinées de l'époque. Je lis mes premiers récits d'aventure et de voyage et lorsque je bute sur des phrases ou des mots, mon British prend le relais du livre. Avec son accent très Oxford, il remet ma lecture dans le bon sens et il éclaire ma lanterne en m'apportant des explications fines et des synthèses brillantes.

Il me parle aussi des auteurs qu'il aime, me donne des noms, et tout cela s'imprime dans ma tête. Je flashe en particulier sur un de ces noms : Friedrich Nietzsche... Je ne sais pas encore ce que ce gars-là a écrit, mais à ce qu'en dit mon mentor, je pressens que ça va me parler. De fait, lorsque plusieurs années plus tard, je passerai de l'évocation de l'auteur à la découverte de ses œuvres, je vivrai une réelle révélation. Une sorte de naissance intellectuelle. Mon Anglais a vu juste en me l'offrant comme ami avant même que je ne le fréquente. Et d'ami, je m'en suis fait un frère quand je l'ai rejoint dans ses pages. Il ne me quittera jamais.

Chez le British, je me gave donc de lectures en désordre. Je fonctionne comme une éponge. Je dévore à m'en donner la fièvre. Les jours de pluie ou de grande froidure, je passe des heures chez lui, affalé dans les bouquins, le nez dans les gravures et les légendes des illustrations des romans de Jules Verne ou dans les planches en couleur des encyclopédies. Un vrai bonheur. Le soir, tard parfois, je rentre chez ma grand-mère et je me couche, la tête bourdonnante de choses nouvelles, de mots étonnants et d'images merveilleuses. Je m'endors dans des vies qui ne sont pas la mienne. Déjà.

La visite que l'abbé Renard me rend parfois chez mes grands-parents est aussi une bouffée de joie. Ce curé est la charité même. C'est lui qui a accepté le provisoire interminable de la caravane sur son terrain. Pendant des années, il a su fermer les yeux sur tout ce qui pouvait faire mal, les cuites de mon père, les passes de ma mère... Et chaque fois qu'il les a ouverts, ses yeux, pour les poser sur moi, je les ai trouvés lumineux de bonté. Le British et lui ont un point commun, une sacrée qualité humaine : je ne les ai jamais entendus émettre un avis défavorable sur quiconque. Jamais de leur bouche n'est sortie une parole humiliante, jamais ils n'ont proféré de commentaire désobligeant.

Le curé arrive à Foulbec au volant de sa 2 CV bringuebalante et il reste là un moment. Il nous épargne le prêchi-prêcha de sa corporation et se contente de nous inonder de sa gentillesse et de sa bonne humeur. Puis, vif et déterminé comme s'il lui restait tout le vaste monde à aider, il grimpe dans son auto et file sur les petites routes du bocage. Sa façon de conduire laisse à désirer ; elle est célèbre à travers le canton et si ce saint homme n'a pas terminé sa route dans le fossé plus qu'il n'est raisonnable, s'il n'a jamais écrasé ni ouailles ni volailles, c'est que le Bon Dieu a dû tenir le volant plus souvent qu'à son tour.

Ainsi passe le temps du côté de chez mon grand-père. Et notre pauvreté n'est pas un vrai malheur, puisque ces bonheurs-là nous sont accordés.

Un jour de printemps, alors que je viens d'avoir dix ans, je surprends une conversation à travers une porte dans le modeste logis de ma grand-mère. Les gendarmes sont là. Je reconnais la voix rauque de l'adjudant, je perçois des morceaux de phrases :

— Les chiens ne font pas des chats... Il est grand temps... Ce n'est plus tolérable... Instruction valable... Éducation sérieuse... Autorité parentale...

Je n'y comprends rien. Pourtant il est clair que je suis au centre de la conversation. Je ne bronche pas. Je reste dans mon coin et je ne me montre pas. Les gendarmes repartis, personne ne fait devant moi la moindre allusion à leur visite et je ne m'en inquiète pas plus que cela.

Quelques jours plus tard, un soir, je vois arriver mon père sur sa mobylette, cette inusable pétrolette qui voudrait bien avoir l'air d'une moto. La venue de mon père est une première bonne surprise. La seconde est qu'il n'est pas bourré. Il vient spécialement pour moi et il me prend à part pour me parler. Ma grand-mère et mon grand-père s'éclipsent afin de nous laisser le champ libre. Mon père se sert un verre de vin, et un autre, sans doute dans l'espoir de se donner du courage.

Ce qu'il me dit est assez embrouillé et j'ai du mal à suivre. À tout hasard et surtout parce que je suis heureux de le voir enfin, je dis oui à tout. Quand il repart, apaisé tant par mes marques de docilité que par un ou deux autres verres, je ne retiens de ses propos que la promesse d'une virée à « moto » pour le lendemain. Moi tout seul avec lui. C'est pile poil ce dont je ne cesse de rêver. Rien ne peut me rendre plus heureux. Chevaucher la moto-mob à travers la campagne normande en nouant mes bras autour de la taille de papa !

Le lendemain, je suis prêt longtemps avant l'heure dite.

Inconsciemment, je me refuse à regarder la réalité en face. Je fais comme si la manière dont mon grand-père et ma grand-mère me disent au revoir n'avait rien de pathétique et je ne prête aucune attention à la mine renfrognée de mon père. Je grimpe sur l'engin. Mes jambes sont trop courtes pour atteindre les repose-pieds, et je m'agrippe de toutes mes forces au pilote. L'air vif me fouette le visage lorsque je me penche pour regarder vers l'avant. La Normandie a des senteurs que je n'ai jamais retrouvées ailleurs ; un mélange subtil entre les effluves marins qui montent de l'estuaire et l'odeur des prairies humides. Parfois, lorsque nous passons près d'un haras, les puissantes exhalaisons des chevaux submergent tout. C'est bon.

Nous faisons halte dans un village, à la boulangerie. Mon père m'achète un pain au chocolat et des bonbons. Noël avant Noël ! Et nous repartons. À cet instant, rien n'est plus mélodieux à mes oreilles que le vacarme de la vieille mobylette ; je lui trouve une musique de bolide.

Un peu plus tard, nous nous arrêtons de nouveau. Au bord de la route, cette fois. À l'entrée d'un bourg accroché à une colline en pente douce : Saint-Germain-Village.

Certains noms de lieu donnent froid dans le dos. Celui-ci sonne comme une menace. Combien de fois avons-nous entendu, nous les mômes turbulents de ce coin de Normandie : « Si tu continues, tu finiras à Saint-Germain-Village » ? Dans nos petites têtes, cela équivalait à brandir devant nous le spectre du bagne ou des antiques galères. Une tonne d'histoires lugubres est attachée à ce lieu. On raconte qu'autrefois, on y parquait les lépreux pour qu'ils y crèvent loin des regards. On dit aussi que, en haut de la montée qui porte le nom évocateur de « Côte de la Justice », se dressait le gibet et que, par dizaines, des chenapans ont fini leurs turpitudes ici, en se balançant au bout d'une corde, les yeux crevés et la panse dévorée par les nuées de corneilles nichées dans les immenses toitures du mouroir à lépreux. Sans doute une bonne dose de légende noire est-elle venue enrichir la réalité mais qu'importe : entendre prononcer ce nom-là noue quand même l'estomac et glace le sang jusqu'aux os.

L'impressionnant bâtiment qui s'élève sur la colline n'est plus une léproserie depuis des lustres. L'établissement a été converti en orphelinat, une sorte de maison de correction où la société vient comme à la déchetterie se défaire de ses rebuts, de ces lépreux d'aujourd'hui que sont les gosses abandonnés, les damnés de l'amour parental, les oubliés, les réprouvés en barboteuse et culotte courte.

Je réalise enfin ce que je n'ai pas voulu deviner dans la conversation brumeuse de la veille. Je suis atterré et si je n'éprouvais pas une douleur aussi vive, aussi sèche, je crois bien que je pleurerais. Mon père remet en marche la mobylette. Je trépigne, je hurle :

— Ce n'est pas là que je vais, hein ? Dis-moi que ce n'est pas là que tu me conduis !

Mon père est pâle comme un linceul. Il fuit mon regard et, pour ne pas m'entendre, il tourne la poignée des gaz à fond, emballe le moteur et me tire par l'épaule pour m'installer sur le siège. Je suis anéanti. Je n'ai même pas la force de me rebeller.

Deux minutes plus tard, nous franchissons la porte de Saint-Germain-Village. La première impression physique que j'ai de l'endroit est tout à fait déphasée par rapport à la situation que je vis. Je me souviens d'avoir murmuré :

— C'est drôlement propre, ici.

Mais dans la seconde qui suit, je crois que ce qui m'est imposé là me fait encore plus souffrir que la portière de la voiture de ma mère me blessant au sang. Certes, dans ma petite tête de gosse, j'entrevois les raisons, les excuses de mon père. Il vit un naufrage de tous les instants. Il est cassé au fond de lui et il est soûl perdu les trois quarts du temps. Pour un être à la dérive comme lui, assumer la charge d'un gamin ingérable équivaut à peu près à gravir l'Himalaya sur les mains. Et puis je me rappelle les paroles des gendarmes : l'administration a dû passer par là... C'est sans doute pour cela que, plus tard, je pardonnerai à mon père. Sa « déficience » n'a pas pour moi le même relent écœurant que l'abandon de ma mère.

Il n'empêche que, pour l'heure, le choc est épouvantable. Après m'avoir remis entre les mains de mes éducateurs, mon père s'éloigne. Je m'accroche à son pantalon, je crie, je pleure. Lui aussi pleure, mais il s'enfuit, lui aussi me laisse seul.

Je ne suis plus que le fils de personne.

Ma première impression était la bonne. À l'orphelinat tout est propre, aujourd'hui on dirait « clean ». Je ne parle pas seulement de l'immense dortoir où les gamins dorment comme à la chaîne, ni de la cantine et de ce qu'on y mange, mais de tout le reste, de ce qui fait notre existence au quotidien. La discipline qui nous est imposée peut être qualifiée de propre, effectivement. Je veux dire qu'elle n'est ni brutale, ni entachée de perversité. Le directeur est un homme ferme et juste, propre au physique comme au moral. Nos moniteurs font proprement leur travail et lorsque nous avons fini de faire le nôtre tout aussi proprement, c'est encore très proprement que nous nous ennuyons. Ce mot me vient, et pas un autre, pour qualifier la vie lisse, sans aspérités ni heurts considérables que nous menons dans ces murs.

Les jours succèdent aux jours, le vendredi se distingue par le poisson, le mercredi par la promenade de l'après-midi en rangs approximatifs à travers la belle campagne environnante. Du sommet de la colline, là où jadis les pendus se balançaient au vent, la vue est splendide sur les vallées de la Tourville et de la Risle. La Risle, la rivière de mon grand-père, celle où, libre et heureux, dans l'eau jusqu'aux cuisses, je harponnais plus souvent le vide que le poisson furtif. Quand, lors de la promenade avec l'orphelinat, je pose les yeux, en contrebas, sur le miroitement du cours d'eau dans le soleil, je tressaille un peu car ma petite voix intérieure me chuchote des envies de liberté, des velléités d'évasion.

On n'est pas en prison à Saint-Germain-Village, il s'en faut de beaucoup. Mais on est tout de même un rien enfermés. Pas seulement entre des murs, mais dans des contraintes sans fin. Cela va de la toilette « à fond » deux fois par semaine aux horaires précis pour se nourrir, se coucher et presque pour aller pisser, en passant par les corvées qui ne sont en fait que des tâches d'utilité collective. Tout est codifié, et si loin que l'on regarde devant soi dans le futur, rien ne paraît devoir changer. L'enfermement est là, dans la répétition annoncée des mêmes gestes, des mêmes mots, des mêmes rites jour après jour.

Alors ce qui devait arriver arrive. Un matin, je romps la monotonie. Je m'ébroue. Je me casse. Je ne vais pas très loin, comme si je voulais me contenter de humer l'air de l'interdit. Je me réfugie dans la belle église toute proche. J'aime bien sa pénombre fraîche, sa paix. Et j'aime Dieu. Je Lui parle, je suis convaincu qu'Il m'entend. Je suppose que l'image que je me fais de Dieu à cette époque doit trouver son origine dans la bonté indéfectible de l'abbé Renard, dans la sérénité que j'ai toujours décelée dans son regard. Dans mon esprit, et plus encore dans mon cœur, les deux représentations se superposent : l'abbé Renard, pour moi, ressemble au Bon Dieu, et Dieu ne peut qu'avoir, sur le monde et sur moi en particulier, ce même regard d'indulgence et d'amour confiant.

On me cherche, et on me retrouve planqué sous un banc. La sanction tombe : deux jours bouclé dans une chambre cellule. Comme la solitude ne me pèse pas, je ne me morfonds pas vraiment. Autant dire qu'une punition tellement anodine n'a aucun effet dissuasif. D'ailleurs, je crois avoir bénéficié d'une relative indulgence car il est évident que le directeur ne s'attendait pas du tout à ce qu'on retrouve le fils d'une pute et d'un alcoolo dans un lieu saint. Il a dû imaginer – et craindre – bien d'autres refuges !

Mais lieu saint ou non, la mauvais pli est pris, et de ce jour je ne cesse de multiplier les escapades d'une journée, les fugues nocturnes. Au-dessus de ma tête, le temps se gâte, j'en suis conscient, mais, c'est plus fort que moi, il faut que j'aille voir de l'autre côté de la grille, et une fois le portail franchi, de l'autre côté de la colline, et encore plus loin.

Cela se termine toujours de la même manière. Je m'endors dans un coin quelconque, sur un banc d'arrêt de car, sous un porche, dans un square et les gendarmes me cueillent comme un oiseau tombé du nid. Retour sur la colline aux pendus et entre les quatre murs de la pièce aux punis. L'exaspération du directeur se mesure au nombre de jours que j'y passe. Mais à ma grande surprise, je n'écope jamais de plus de trois ou quatre. Je me demande ce qu'il faudrait que j'ose pour être châtié comme le sont les mauvais enfants des contes de Dickens que m'a racontés et commentés mon Bristish. Il n'y a même pas de rats avec moi pour me boulotter ma soupe et mon pain, et je ne me vois même pas contraint de bouffer des cafards pour survivre !

Le prix est si léger, comment peut-on s'imaginer que je ne recommence pas ? Donc, à la première occasion, je remets ça.

Mon indiscipline me vaut un certain prestige auprès des autres. Bien sûr, lorsque je suis repris et que je suis de nouveau intégré à la vie commune, ils me harcèlent de questions et je ne me prive pas de leur livrer en détail les cent péripéties de folie qui ont émaillé ma fugue... Toutes inventées, ou tout au moins considérablement revues et corrigées au gré de mon imagination fertile et de mes souvenirs de lecture. Mais ils me croient à chaque fois, et comme là aussi j'y vais de mon couplet sur ma généalogie peau-rouge et mon grand-père grand traqueur de bisons dans les prairies de Pont-Audemer, je suis considéré comme un être « exceptionnel » de la part de qui rien n'étonne.

Comme j'aime Dieu et qu'Il m'aime, je me fais un devoir de devenir enfant de chœur. Je suis agréé sans difficulté. Cette position nouvelle me place en première ligne pour pratiquer certaines vertus chrétiennes essentielles, telles que la charité, la générosité, le partage...

Ainsi, pendant cette période, on me voit souvent distribuer à mes petits camarades les plus déshérités des bonbons, des gâteaux secs, des chewing-gums (interdits à l'orphelinat, évidemment), des images pieuses et aussi des vignettes de footballeurs. Cela m'apporte de plus en plus d'estime et de reconnaissance, et ma générosité ne désarme pas durant un bon moment. Exactement jusqu'à ce que le curé découvre que je finance mes bonnes œuvres avec l'argent de la quête.

Ma carrière ecclésiastique s'arrête donc là. Dommage, car je pense que si on m'avait laissé m'épanouir dans ce registre, j'aurais fait un cardinal convenable et convaincant. Peut-être même un pape.

Après deux ou trois années d'orphelinat, je me trouve placé dans des familles d'accueil. Combien ? Je ne sais plus. C'est étrange, mais je ne conserve presque aucun souvenir de ces gens chez qui j'ai vécu quelques semaines ou quelques mois. Jamais plus d'un trimestre, je crois, car je fugue de plus en plus, et de plus en plus loin, de plus en plus longtemps.

L'issue de l'aventure reste la même : les gendarmes, et retour à l'Assistance publique, la DDASS, pour parler plus chic. La seule différence est que je ne suis plus un enfant et que les interpellations ne sont plus aussi calmes. On me passe les menottes, on me met des heures, des nuits entières dans des cellules glaciales et puantes où les alcoolos gerbent tripes et boyaux. Une infection qui imprègne jusqu'aux murs en béton de ces cages à merde et qui me soulève le cœur encore aujourd'hui quand j'en parle.

Le moment est donc venu d'en finir avec cet amateurisme consternant. J'ai quinze ans : il est temps d'envisager le grand saut, bref de me tirer une bonne fois pour toutes avec, dans ma petite tête, ce deal passé avec moi-même : si cette fois, les condés te remettent la main dessus, tu te jettes sous le train s'il y a un train, tu te balances par la fenêtre s'il y a une fenêtre et tu t'éclates la gueule jusqu'à la mort s'il n'y a ni train ni fenêtre mais seulement des murs en béton.

Promis juré, Rocancourt !

– 5 –

LES CROISSANTS D'ALEXANDRA

J'ai peur. Je vis en permanence avec la trouille au ventre. J'ai réussi à débarquer à la gare Saint-Lazare sans billet et je ne me suis pas fait pincer. C'est encourageant. Mais une fois sorti de la gare, je me sens minuscule face au monstre que je dois affronter : Paris, la ville tentaculaire et son dédale de rues et de pièges. Mon British éclairé m'a souvent parlé de la capitale, « la cité du bel esprit à la française », répétait-il. Il a souvent prononcé devant moi des noms magiques que, naturellement, j'ai retenus : Montmartre, Sorbonne, Quartier latin, Saint-Germain-des-Prés, Montparnasse. Ses yeux bleus d'English s'allumaient à l'évocation de ces lieux. Pour moi, ces mots désignent un inconnu inatteignable. Saint-Germain-des-Prés me rappelle trop Saint-Germain-Village, son orphelinat, ses lépreux et son gibet, pour que je l'associe spontanément à un endroit où flotte l'esprit. Quant au « Quartier latin », la dénomination même me plonge dans une totale perplexité. Je ne vois pas du tout comment un quartier peut être latin. Un quartier arabe, ou chinois ou grec, je vois de quoi il s'agit. Des Arabes, des Chinois, des Grecs y habitent. Mais où peut-on trouver des Latins qui vivraient dans un même quartier ? Il n'y a plus de Latins ! D'ailleurs, leur langue, le latin, est une langue morte. Le British me l'a assez dit. Alors, peut-être que c'est un énorme cimetière, le Quartier latin, où reposent les morts qui parlaient cette langue... Je ne comprends rien à cette affaire-là. Non, décidément, cela m'échappe.

J'ai peur face à cette ville trop grande pour moi. La nuit surtout. Près de la gare, un clodo a été égorgé dans son sommeil. Étrange manifestation du bel esprit à la française, me dis-je, et je me prends à redouter que, le calva aidant, mon British ne m'ait brossé de Paris un tableau un peu trop idyllique. D'abord, est-ce qu'il y vit, lui, à Paris ? Est-ce qu'il ne m'aurait pas un peu trahi, lui aussi, avec ses belles paroles ? Comme ma mère avec sa jolie tenue le jour où elle s'est tirée, et comme mon père avec sa super balade le matin où il m'a largué sur la colline aux pendus ?

J'ai peur parce que si je ne m'éloigne pas de la gare où les flics patrouillent en permanence, je vais vite me faire repérer et il ne me restera plus à espérer qu'un train ou un bus consente à passer par là pour que je puisse me balancer dessous. J'ai peur parce que si je m'aventure en dehors du périmètre de Saint-Lazare, j'aurai l'impression de me jeter dans la gueule d'un dragon qui n'attend que des mômes aussi perdus que moi pour se repaître.

J'ai peur et j'ai froid. J'ai faim surtout.

Le jour s'est levé. Au moins, cette nuit, je n'ai pas été égorgé. C'est déjà ça. Si je me souviens bien de ce que racontait le British, les quartiers où l'esprit fait merveille se trouveraient plutôt de l'autre côté de la Seine. Mais c'est où, la Seine ?

Il est tôt, près de huit heures du matin, et j'ai bien l'impression qu'aujourd'hui encore je ne parviendrai pas à couper le cordon ombilical qui me lie à la gare. Tant que je peux entendre le son nasillard de ses haut-parleurs annonçant le départ pour des destinations normandes dont le nom m'est familier, je me sens rassuré. Enfin, plus ou moins.

Même quand il est printanier, le vent est terrible pour celui qui n'a pas mangé depuis deux jours. Je me réfugie dans un recoin de mur d'une artère étroite qui descend vers la rue Saint-Lazare. À croire que je tiens à me placer sous la protection de ce saint-là ! Cette pente pavée est la rue de Budapest. Je le sais : j'ai eu la plaque piquée de rouille sous les yeux deux ou trois heures durant. Une voie assez glauque où les filles tapinent entre deux portes de troquets ou de sex-shops. Je sais d'instinct quel est leur métier. À l'orphelinat, il n'y avait pas que des enfants de chœur et certains aînés dessalés m'ont édifié sur leurs pratiques. Pourtant, bizarrement, je vois ça comme un touriste : pas une seconde, au début, je ne fais le lien avec les visites que recevait ma mère. Je trouve ces filles plutôt sympas, toujours le sourire aux lèvres, je me sentirais presque en confiance.

Elle s'appelle Alexandra, celle qui m'aborde. Sans doute se prénomme-t-elle Germaine ou Ginette, mais elle tient à son Alexandra. Le vent frisquet, elle s'en bat l'œil. La preuve, elle est quasi nue sous sa fausse fourrure.

— Qu'est-ce tu fous là, môme ?

Je n'apprécie pas trop le « môme ». Je ne réponds pas, je la regarde sans la voir. Je dois avoir l'air complètement ahuri.

— Ne me dis pas que tu as passé la nuit ici, à soutenir ce mur ?

Je fais non de la tête et j'articule : « Métro ». Elle comprend que j'ai dormi la nuit sous terre et devine que j'ai faim.

— Viens, on va prendre un jus. C'est ma tournée. Il va y avoir un moment de calme. Les clients qui prennent leur boulot à huit heures sont à présent à leur bureau, en employés modèles, et ceux qui embauchent à neuf heures s'offriront leur câlin à la descente de leur train de banlieue, vers 8 h 30. J'ai vingt bonnes minutes devant moi. Allez, suis-moi !

Elle me prend par le bras et m'emmène dans un bistrot où elle a ses habitudes. Café, croissants. Beaucoup de croissants. Je ne mange pas, je dévore. Alexandra m'observe, mi-amusée, mi-compatissante. Je ne réponds que très évasivement à ses questions et elle rigole sous cape lorsque je lui balance avec assurance que j'ai dix-huit ans. Elle n'en croit rien, mais elle a le tact de ne pas me le dire. D'ailleurs, même si je n'ai que quinze ans, je ne mens qu'à moitié : les vies que j'ai menées jusqu'à cette main tendue, jusqu'aux croissants pur beurre de mon Alexandra, m'ont plombé d'années qui comptent double ou triple.

Assez vite, Alexandra part « faire » ses clients et enchaîner sur sa matinée. Elle me laisse au bistrot avec quelques croissants en guise de munitions et, au moment de sortir, elle me donne rendez-vous pour midi à cette même table. Je ne bouge pas. Je reste au chaud et je lis un bouquin que j'ai volé la veille à la gare, *Le Nom de la rose*, d'Umberto Eco. J'essaie de ne pas me tromper sur les livres que je chaparde. Sur la nourriture volée, voire les vêtements, je ne suis pas très regardant, mais sur les livres, si ! Je ne me vois pas voler n'importe quoi. Le British m'a inculqué un certain « savoir-lire » qui, pour l'instant, me tient lieu de savoir-vivre.

Lorsqu'elle revient pour le déjeuner, Alexandra est contrariée. La matinée a été molle. D'ailleurs, la collègue qui l'accompagne partage son avis : le tapin n'est plus ce qu'il était. Avec la terreur du sida et les bourgeoises de plus en plus libérées qui se mettent à faire des trucs d'enfer à leur bonhomme, il devient difficile de lutter. Moi, j'écoute, j'apprends. J'avale le plat du jour, je bois un peu de vin et quand je quitte les filles, j'ai le ventre lourd. Je subis le syndrome de l'affamé.

À force de privations, l'estomac se rétrécit, alors quand, enfin, on le remplit convenablement, il renâcle. Je me sens ballonné mais je n'ai plus froid.

— À bientôt, c'était sympa, fait Alexandra en repartant pour son encoignure de porte, la fourrure échancrée au plus large sur son porte-jarretelles noir et ses bas de la même couleur.

Je ne ressens pas la moindre émotion. Elle n'est pas du tout mon type. De toute façon, je m'en apercevrai plus tard, les putes ne sont pas mon truc et ne le seront jamais. Je veux dire sur le plan du sexe, parce que dans le petit panthéon de mon cœur, mon Alexandra aura une place à part. Je ne l'oublierai jamais.

Je ne la reverrai qu'une seule fois, quelques jours plus tard. Je suis toujours aussi affamé, mais, par pudeur, par orgueil, je prétends ne pas avoir faim et je n'accepte d'elle qu'un café. Dans la période qui suit, à plusieurs reprises, mes pas me conduisent machinalement à proximité de la rue de Budapest, mais je renonce à m'y aventurer. Soudain, une évidence m'a sauté aux yeux. Terrible, douloureuse. Ces filles « touristiques » sont des prostituées. Comme ma mère.

J'ai chassé de mon esprit les images de la caravane, j'ai fait demi-tour et je n'ai jamais plus remis les pieds dans le coin.

De ce fait, mon cercle parisien commence à s'agrandir, géographiquement s'entend. Je ne me cantonne plus à Saint-Lazare. Je pousse vers l'est jusqu'aux Halles.

Le métro est toujours mon palace. J'y dors chaque nuit. Mon restaurant ne figure dans aucun guide : c'est l'étal des marchands où je pique au vol un fruit, un saucisson, une tomate. Je m'habille et me chausse au hasard de chapardages à l'étalage, et les jours passent ainsi, dans l'inconsistance et la peur. Toujours la peur. Ce n'est plus celle que m'inspirait au début la monstruosité de la ville mais la crainte permanente de l'instant où une main de flic se posera sur mon épaule et où j'entendrai une voix dure me dire :

— Assez joué, gamin !

Un après-midi, je me fais une frayeur terrible. Je viens de traverser le grand boulevard devant le Café de la Paix. Lorsque je mets le pied sur le trottoir d'en face, un policier m'accoste. À la seconde, je me sens pris de vertige, mes jambes ne me portent plus, une sueur glacée coule le long de ma colonne vertébrale. L'agent m'examine de la tête aux pieds, et il lâche, bourru :

— Dans ta campagne, on ne t'a pas appris à attendre le vert pour traverser, mon gars ?

J'ouvre de grands yeux. Je ne trouve pas les mots qui conviennent. Je parviens juste à écarter les bras, comme pour dire : « Pardon, je ne recommencerai pas. Je n'ai pas fait attention. Je n'ai pas vu le feu. »

Le plus amusant pour moi, aujourd'hui, est que cette scène se passe à l'endroit précis où, quelques années plus tard, je me ferai de nouveau arrêter par des policiers.

Au volant de ma première Rolls-Royce.

– 6 –

À NOUS DEUX PARIS !

— L'eau de toilette, ça ne va pas, murmure Gilles sur un ton de reproche bienveillant.

— Ah bon ? Qu'est-ce qu'elle a, l'eau de toilette ?

— Elle, rien. Elle est parfaite, mais tu en as trop mis.

Je pourrais être vexé mais j'ai choisi une fois pour toutes de laisser ma susceptibilité au vestiaire. J'ai tant de choses à apprendre.

— OK, je me suis trop aspergé. Je vais me passer sous la douche. Et la chemise, ça ira ?

— La chemise, oui. Mais pas avec cette cravate.

— Il faut absolument une cravate ?

— Quand tu t'appelleras Serge Gainsbourg, tu pourras te permettre de ne pas mettre de cravate où que tu sois. En attendant, pour ce dîner au Ritz, il est préférable que tu en portes une. Après, lorsque nous irons au Palace ou chez Régine, tu feras comme tu voudras.

— Je ferai comme je voudrai ? Voilà enfin une bonne nouvelle !

— Oui, mais faire comme tu voudras ne signifie pas faire n'importe quoi et n'importe comment.

— Par exemple ?

— Par exemple, hier, au Costes, tu as tutoyé Laetitia trop vite...

— Ben quoi, elle est sympa, Laetitia. Je l'ai fait rire. Tu as vu comme je l'ai fait rire ! Elle m'adore.

— Peut-être, mais tu as brusqué les étapes. Une fille comme Laetitia ne te le pardonnera pas. Elle est d'une très grande famille et sa simplicité, son abord aisé ne sont que le fruit d'une remarquable éducation. Tu t'y es laissé prendre. Laetitia est des ces jeunes femmes qu'il convient de vouvoyer jusqu'au moment où tu les baises et que tu dois revouvoyer dès qu'elles ont remis leur petite culotte.

— Ah bon, Laetitia baise ? Merci pour l'info. Ça aussi c'est une bonne nouvelle.

— Ne me remercie pas. Avec toi, c'est foutu.

— À cause du tutoiement ?

— Exact.

— Merde, je crois que je ne comprendrai jamais rien à ce monde-là !

Celui qui me parle me tape sur l'épaule et ricane :

— Ne te fais pas plus stupide que tu n'es. Je crois au contraire que tu es en passe de comprendre très vite ce « monde », comme tu dis. Tu es un bon élève. Maintenant, fais-moi oublier le trop-plein d'eau de toilette, trouve la bonne cravate, et grouille-toi. Nous devons être au Ritz dans vingt minutes.

— À pied, d'ici nous n'en avons que pour cinq ou dix.

Nouvelle tape sur l'épaule :

— Quoi de plus chic que d'arriver au Ritz à pied, en « voisins » ? Les chaussures, des Weston, bien sûr !

— Oui, celles que tu m'as passées. Elles sont un peu grandes pour moi, mais je m'en accommoderai. Jusqu'à ce jour, j'ai rarement eu chaussure à mon pied.

— Cesse de faire référence à tes habitudes de pauvre, s'il te plaît. C'est assommant et maladroit. Tu pourras te le permettre un jour si tu es milliardaire, mais le moment n'est pas venu.

— Tu as vu les pompes que porte Pacadis ? Pourquoi des Weston pour moi quand lui se pointe avec des rebuts de poubelle ?

— Parce que c'est Pacadis, journaliste à *Libé*, rubrique potins mondains. Il peut se permettre ces pompes ravagées. Non seulement il le peut, mais il le doit. Question d'image. Paraître ne pas appartenir à un milieu tout en lui appartenant quand même. Cela aussi relève d'un code. Une hypocrisie cent pour cent parisienne élevée pratiquement au niveau d'un art.

— Ah bon... Hier, j'ai entendu Laetitia parler avec Charles-Henri d'un certain Mondrian. Qui c'est ce type ? Un de vos potes ? Laetitita m'a paru s'intéresser beaucoup à lui...

— Sache que dans ce milieu nous n'avons pas des « potes », mais des amis. Non, Mondrian n'est pas l'un d'eux. Il s'agit d'un grand peintre, mort en 1944. À ce propos, rappelle-moi de te passer la petite histoire de l'art que j'ai dans ma bibliothèque. Tu verras, ça te passionnera et tu ne confondras plus les artistes défunts avec les amants potentiels de la belle Laetitia.

Lorsque je m'assois à la table du Ritz et que je déplie sur mes genoux la serviette de beau linge amidonné, je me dis que je n'ai jamais touché de tissu plus somptueux. Trois serviettes comme celle-ci et j'en fais un drap de rêve pour un orphelin de Saint-Germain-Village !

J'observe tout. Je sais que le moindre détail a de l'importance. J'apprends que le verre à eau n'est pas le verre à vin rouge qui n'est pas lui-même celui dans lequel on doit servir le blanc. Idem pour les couverts. La première fois, je me suis dit qu'il fallait être barjot de chez barjot pour avoir besoin d'autant d'ustensiles pour se fourrer de la nourriture dans la bouche. Mais là aussi, j'ai appris les usages, les subtilités. Je n'en suis pas encore à maîtriser les entorses auxdits usages qu'il faut savoir se permettre pour paraître vraiment dans le coup, mais j'y arriverai... Au cours des conversations, je m'efface. Je prononce un minimum de paroles et j'évite autant que possible les bourdes grossières qui me feraient passer pour un plouc. Néanmoins, j'en commets.

Un après-midi, au bar du Crillon, un acteur de cinéma très célèbre entre alors que nous sommes assis dans nos confortables fauteuils club en cuir patiné. Sous le coup de la surprise, je fais une faute de goût inqualifiable : je m'extasie, j'ouvre des yeux d'enfant devant un arbre de Noël et j'esquisse un mouvement pour me lever afin d'aller taper un autographe à cette star mondiale. Mon mentor me retient à temps par la manche.

— Reste là et sois indifférent, m'explique-t-il. Tu évolues ici dans une sphère où il est normal de croiser des animaux de ce calibre. Non seulement tu ne dois pas t'en étonner mais tu dois faire comme si tu ne les remarquais même plus.

Du banc de métro de la station « Halles » où je me suis éveillé à la fin de ma dernière nuit de galère jusqu'aux ors du Ritz, le palace des palaces parisiens, il n'y a que quelques centaines de mètres de distance. Mais franchir ces quelques hectomètres a relevé du miracle...

Ce miracle porte un nom, Gilles, et un surnom pour les gens de son monde, la jet set : Gigi.

Il m'a trouvé un matin sur un banc de la station de métro et il m'a accueilli chez lui, comme on s'entiche d'un chat de gouttière ou d'un chiot égaré. Il est vrai que Gilles prend rarement le métro et n'est pas habitué à ses hôtes miséreux. Ma détresse a dû l'émouvoir.

La première fois que je croise son regard, donc, je suis blotti sur ce maudit banc, égaré, perdu, épuisé. Il se penche sur moi et je l'entends murmurer :

— On dirait que ça ne va pas fort...

Je n'ai pas la force de le démentir. Alors, il m'invite à le suivre et m'emmène à son domicile, non loin de là. Il me donne à manger. Ensuite, il m'installe dans la chambre d'ami de son bel appartement, si douillet, si bien chauffé. Je crois que je dors toute la journée et toute la nuit qui suit.

À mon réveil, il est là, dans son salon. Il lit un journal.

— Moi, c'est Gilles, me lance-t-il d'emblée. Et toi ?

— Moi ? Christophe... Merci pour tout. Il faut que j'y aille à présent.

— Où veux-tu aller ? Sur ton banc de métro ? Allez, oublie ça et prends un café avec moi. Aujourd'hui, je dois aller à un vernissage, dans une galerie de la rive gauche. Je t'emmène. Je vais te trouver des sapes propres.

Le plus surprenant est que je ne trouve rien à redire. Gilles décide que j'irai avec lui à ce vernissage, un mot dont je ne sais même pas ce qu'il signifie, et il ne me vient pas à l'idée de protester, moi qui n'ai jamais accepté qu'on me dicte ce que j'ai à faire... Il faut croire que mes journées à la dérive ont quelque peu émoussé mes facultés de rébellion.

Les trois ou quatre premiers jours qui suivent ma rencontre avec mon bienfaiteur, je reste sur la défensive. Je n'ai qu'un peu plus de quinze ans, mais je connais assez la vie pour en deviner les pièges. Les paumés sont toujours une proie facile pour toutes sortes de dépravés ou de criminels. Un type qui ne possède que ce qu'il enferme dans une poche plastique et ce qu'il porte sur le dos, une épave qui dort sur un banc public n'a plus personne au monde, alors qui irait

remuer ciel et terre pour s'inquiéter de lui s'il dispa-
raissait ou s'il devenait l'esclave sexuel d'un dément ?
Personne.

Les premiers jours, donc, je me tiens sur mes gardes,
j'observe Gilles dans ses moindres gestes. J'avoue que
lorsque je l'entends téléphoner dans une autre pièce, je
tends l'oreille à travers la porte, à l'affût du plus petit
indice. Je fais aussi très attention à ce que je bois et à
ce que je mange. Une dose de drogue est si vite
absorbée !

Le garçon qui m'héberge a quelques années de plus
que moi, cinq je crois. À Paris, il vit seul le plus souvent. Il occupe l'appartement de ses parents. Ceux-ci
ne sont pratiquement jamais là car ils parcourent le
monde et possèdent plusieurs résidences en Europe et
aux États-Unis. Ces gens-là ont un fric monstre. Gilles
dépense sans compter mais il a l'élégance de ne pas se
comporter en riche honteux. Ses poches sont pleines
et il ne se gêne pas pour dire que cela lui convient très
bien. Quand par hasard quelqu'un lui demande ce qu'il
fait dans la vie, il répond qu'il est étudiant en histoire
de l'art, mais je dois avouer que je ne l'ai jamais vu
potasser un cours ni se rendre dans une quelconque
école ou faculté. Cependant, sa réponse n'est qu'un
demi-mensonge car il est effectivement passionné d'art,
surtout de peinture et de sculpture. Il lit beaucoup de
revues et d'ouvrages sur ces sujets. Disons que Gigi
est un étudiant amateur. En fait, le mot qui convient
le mieux pour le caractériser m'est inconnu à l'époque
mais il me deviendra familier plus tard : Gilles est un

dandy. Il en a l'allure désinvolte et la légèreté un rien désespérée.

Le cinquième jour de notre amitié, je me permets d'aborder presque directement la question qui me préoccupe. Certes, je ne lui demande pas carrément s'il est homo et s'il attend de moi une reconnaissance horizontale, mais je fais allusion aux risques qu'un gamin de quinze ans plutôt mignon court dans les rues d'une ville comme Paris. Il éclate de rire.

— Tu n'as pas encore remarqué que je suis un hétéro militant ? s'exclame-t-il.

— Sans doute, mais je sais très bien que certains types masquent leurs vrais penchants en s'affichant avec des filles canon et que, dans le secret de leur piaule, ils se tapent des minets.

— Ce n'est pas faux. J'en connais et tu les connaîtras aussi. Mais je n'appartiens pas à cette catégorie. Je m'intéresse à toi d'abord parce que ton air de chien perdu m'a ému, là-bas, dans le métro. Ensuite, une autre raison est entrée en ligne de compte, une motivation tout à fait égoïste, sois sans illusion sur ce point : parfois ma solitude me fait peur. De plus en plus souvent, d'ailleurs... Tu objecteras que je suis très entouré, c'est vrai, mais les gens que je fréquente me ressemblent trop. Je n'attends rien d'eux, ils n'attendent rien de moi si ce n'est le mirage de nos amitiés indéfectibles qui ne durent que ce que dure une mode à Paris. Ils ne m'apportent rien et je ne suis sans doute pour eux qu'un personnage parmi d'autres dans la comédie que nous nous jouons. Nous sommes heureux en façade mais vérolés d'ennui au fond de nos âmes. Tu es ce qu'ils ne sont pas. Pour moi, tu es un mustang, un de ces chevaux sauvages des grands espaces américains. Tu m'offres sur un plateau l'occasion de débourrer le mustang, de lui inculquer le dressage de base. Tel un écuyer avec un jeune cheval fou, je vais t'apprendre les bonnes attitudes, les belles allures, comme on dit en équitation, celles qu'il faut savoir prendre dans notre société d'apparences. Je te montrerai les voltes qui plaisent. Après, je te laisserai la bride sur le cou. À ton gré, tu deviendras un cheval de haute école ou une bête de cirque. Tu décideras. Et moi, entre-temps, j'aurai réussi ce qui a le plus de prix à mes yeux : oublier pour un temps ma peur de l'ennui. Voilà pourquoi tu te trouves ici, chez moi. Mais sache que la porte est grande ouverte : tu peux t'en aller quand tu veux, cependant tu peux aussi choisir de rester jusqu'à ce que le débourrage ait porté ses fruits... Maintenant, prépare-toi, nous partons assister à la première d'un film. Dans le taxi je te baliserai le paysage, je te dirai qui est qui et je t'indiquerai les mots qu'il faut dire pour ne pas faire tache dans ce milieu. Par exemple, si le film est un nanar de première, évite de balancer que tu t'es emmerdé comme un rat mort. Tu te contentes de laisser entendre que son sujet est quelque peu étranger à ta sensibilité ou à ton imaginaire. Le mot « imaginaire » n'est pas mal venu ces temps-ci à Paris pour ce genre de foutaises...

Le langage châtié de mon hôte me semble parfois hermétique (c'est quoi des « voltes » ?) et pourtant, comme avec le romani de mon grand-père, j'en comprends l'essentiel.

En tout cas, me voilà rassuré sur ce que mon bienfaiteur attend de moi. Je resterai donc un temps chez lui. Et j'apprendrai, encore et toujours, du matin au soir et à longueur de nuit... Au terme d'une bonne année d'apprentissage, je serai en mesure de dîner sans une fausse note chez telle princesse de « notre » connaissance, chez telle célébrité, et je pourrai tenir une conversation satisfaisante avec n'importe quel pisse-froid des beaux quartiers.

En attendant, à la fin du premier déjeuner au Ritz auquel Gilles m'emmène, lorsque j'abandonne sur la table ma serviette amidonnée, non repliée évidemment, je me sens grandi. Je me suis parfaitement tenu. Gilles ne me dit rien devant les autres convives, mais je devine sa satisfaction : il a un bon élève.

Afin que j'aie toujours de l'argent sur moi sans que je m'humilie à lui en quémander ou qu'il paraisse me faire l'aumône, Gilles s'arrange pour me prier de lui rendre quelques services, par exemple acheter des livres ou des C.D. pour lui. Il laisse une somme très supérieure sur son bureau à mon intention et il est entendu que le surplus me revient.

Ce jour-là, nous nous séparons juste à la sortie du Ritz. Gilles a un rendez-vous avec une amie, quant à moi je dois aller chercher des tonnes de bouquins à la librairie du musée du Louvre. Pour ces emplettes et mon surplus, j'ai deux mille francs sur moi.

Je quitte la place Vendôme et redescends vers la Seine. Sous les arcades de la rue de Castiglione, trois types et une vieille femme croupissent, affalés sur le trottoir le long du mur au milieu de couvertures dégueulasses. Pelotonnés contre eux, deux clébards efflanqués sommeillent. Je passe mon chemin, mais la scène reste malgré moi imprimée sur ma rétine. Soudain, une boule se forme au creux de mon estomac. Ma petite voix intérieure me murmure :

— Au Ritz, tu as été parfait. Mais tu ne vas tout de même pas te transformer si vite en gros nullard !

Je fais demi-tour, je plonge la main dans la poche intérieure de ma veste si bien coupée, je sors les billets, je les plie discrètement en tout petits morceaux et je les fourre au creux de la main de la vieille clocharde.

Je suis déjà loin lorsque ces quatre gueux réalisent que deux mille balles viennent de leur tomber du ciel. Mais j'entends quand même leurs tonitruants et joyeux :

— Merci, mon prince ! Mille ans de bonheur pour toi.

Le soir, dès qu'il franchit la porte de l'appartement, je raconte mon histoire à Gilles. Je crains qu'il ne grogne à cause des livres qu'il attend, mais il n'a aucune réaction de ce genre. Sur un ton neutre, il se contente de laisser tomber :

— Malgré toutes les singeries du monde que je t'apprends, tu as gardé en toi quelques belles choses.

C'est plutôt encourageant. Il se peut que tu tournes bien et que tu finisses plutôt comme cheval de haute école que comme canasson de cirque... Ah, j'oubliais, ce soir nous avons rendez-vous au Palace, vers minuit, avec Armand. Tu vois qui est Armand, bien sûr...

— Le photographe de mode ?

— Oui. Il sera en compagnie de la directrice de *Vogue* Italie et de deux ou trois de ses top models. Des splendeurs, paraît-il, mon bon camarade. Dînons léger et soyons au mieux de notre forme !

Nous passons une soirée splendide. Le Palace à l'époque est un endroit magique. Tout ce qui compte à Paris dans le show-biz, la mode, le cinéma, la presse passe par là à un moment ou à un autre. Haut lieu du paraître et de la drague, le Palace n'est pas seulement une adresse, c'est une sorte de label. Pour se voir admis et reconnu du Tout-Paris des années 1980, rien ne vaut le statut d'habitué de cette enseigne. C'est le sésame. Il suffit que quelqu'un puisse dire « Ah oui, Christophe Rocancourt, je le connais. Je le vois souvent au Palace » pour être adoubé. On n'exige pratiquement rien d'autre. On se fout de ce que la personne fait en réalité. L'étiquette Palace suffit, et pour peu qu'une petite note flatteuse du genre « Ah, Rocancourt, oui ! Il est dans la mode, je crois. Il pose pour Untel » vienne se glisser dans la conversation, on n'est plus seulement reconnu modeste nobliau de ce royaume d'esbroufe : on en devient un des princes.

Or, c'est précisément l'occasion qui se présente à moi.

Ce jour-là, Monica, la manager de *Vogue* Italie, me trouve photogénique. Je suis mince, j'ai un visage fin, je porte les cheveux courts et j'ai appris à m'habiller, à me tenir, à fumer avec aisance. Comme j'ai découvert l'importance de la gestuelle, je joue très souvent avec une cigarette que je n'allume pas. Il paraît que cela produit son petit effet... De plus, dans les moments opportuns, je sais prendre l'air d'un vrai dur. Je n'ignore pas le parti que je peux tirer en ne gommant pas totalement chez moi certains des stigmates du sauvageon que j'ai été. À cet effet, je continue d'entretenir mon physique avec vigueur et dans la douleur.

Très souvent l'après-midi, vers 18 heures, je me rends avenue Daumesnil à la salle de boxe que dirige l'entraîneur réputé Roger Bensaïd. C'est lui qui a emmené Max Cohen aux championnats du monde. J'aime me replonger dans l'atmosphère de la boxe. Le prolo, le fouille-poubelle, le rejeton de pugiliste raté cogneur de bistroquet s'y sent à l'aise. Dans mon inconscient, il se peut que ce soit là mon vrai monde. Je lâche tout ce que j'ai dans des entraînements d'une pugnacité inouïe. Après d'hallucinantes séries de saut à la corde, de corps à corps avec le sac de sable et d'enchaînements rythmés dans le punching-ball, les muscles et l'être tout entier sont immergés dans une frénésie proche de l'ivresse. Alors vient le ring, l'entraînement avec le sparring-partner. Il y a l'odeur de la sueur, le bruit mat des gants qui s'entrechoquent, la voix éraillée de Bensaïd :

— Arrête tes entrechats de gonzesse et fais-moi de la boxe ! Oui, ça c'est bien vu, petit, mais tu es trop lent dans l'esquive après le coup porté. Avec ça, tu marques un point, mais tu te retrouves aussitôt à l'infirmerie... Tu n'es pas en train de gigoter au night-club, ici, toquard de mes deux ! Remue tes guiboles, merde ! Et si t'as peur d'abîmer ta jolie petite gueule, va t'inscrire au Scrabble !

Autour du ring, ils sont une demi-douzaine, parfois dix, vingt, trente. Des anciens boxeurs bouffis de gnons et de gnôle. Ils tirent comme des malades sur des cigares ou sur des cigarettes pour que les jeunes apprennent à respirer dans les salles saturées de fumée. Et pour que l'air circule mieux, au repos le coach n'hésite pas à nous enfoncer des mèches longues comme ça dans les narines pour bien élargir le passage. C'est horrible. On me trifouille le nez, je prends des coups, j'en donne, je me vide les tripes et le mental dans la puanteur de médiocres tabacs, et j'aime ça ! Oui, j'aime ça, bordel ! J'aime cette dureté-là, cette souffrance qui, sans doute, est ancrée en moi depuis l'enfance.

Quand je quitte la salle de l'avenue Daumesnil pour aller prendre place à une table du Ritz ou sur les banquettes du Palace, je me dis qu'au fond, je ne fais que passer d'un ring à l'autre. La gestuelle et les codes diffèrent, mais le but reste en somme le même : dominer l'autre, l'acculer dans les cordes. Ce monde-là a aussi ses cogneurs. Je m'en suis aperçu et saurai profiter de cette constatation.

Toujours est-il que, ce soir-là au Palace, grâce à ce cocktail de boxeur dandy qui doit forcément transparaître dans mon physique et mes attitudes, Monica décide d'organiser une séance de pose le lendemain dans un studio parisien. Curieux de tout ce qui est nouveau pour moi, j'accepte, et les amis noctambules qui sont autour de nous s'empressent de trouver l'idée géniale. Dans l'éventualité où je deviendrais une célébrité sur papier glacé, chacun – et surtout chacune – tient à être le premier à affirmer que dès la seconde où il a posé les yeux sur moi, il a su que ma voie royale était la photo de mode. D'ailleurs, tous autant qu'ils sont, ils l'ont toujours dit ! Il n'y a vraiment que moi qui ne les ai pas entendus.

Le lendemain, je me rends au studio. La séance s'étale sur une bonne partie de la journée. Il me faut prendre des airs de petite frappe, puis des mines de minet, de séducteur, et des attitudes de ceci et de cela. Bref, je m'emmerde ferme et cette interminable comédie me gonfle.

Quelque temps plus tard, les photos paraissent dans *Vogue* Italie sur quatre pages et Monica me fait savoir qu'elle est disposée à renouveler l'expérience. Moi, pas du tout. Ce n'est pas mon truc.

Seulement voilà : c'est quoi, mon truc ? Je n'ai pas de vocation précise. Aucune activité professionnelle ne m'attire particulièrement et, surtout, je ne me vois pas du tout travailler dans la norme. C'est-à-dire avec des rendez-vous fixes, des instructions précises, des obligations. Toute contrainte que je ne me suis pas moi-même imposée m'est insupportable.

Qu'on ne se méprenne pas ! Je ne suis ni un paresseux ni un mollasson et je ne m'imagine pas passer mon existence à ne rien foutre. Moi aussi je veux aller au charbon, moi aussi je souhaite en découdre avec la vie. Mais lorsque je m'échappe des objectifs de Monica, ma décision est prise : je vais travailler, certes, mais *autrement*. À ma manière, à ma main. À ma fantaisie. Comme le braconnier que je n'ai pas cessé d'être.

Je m'y sens prêt. Maintenant, je peux lancer mon défi : « À nous deux Paris ! » Et ma petite voix intérieure de me susurrer :

— Rocancourt, ça sonne aussi bien que Rastignac, non ?

− 7 −

GRANDES ÉCOLES, PETITES COMBINES

En fin d'après-midi, quand je ne me plonge pas dans l'atmosphère enfumée et virile de la boxe, il m'arrive de sortir de Sciences Po, de Normale sup ou de l'ENA. C'est selon. Cela dépend de l'inspiration du moment.

Dans un certain sens, ce mensonge se justifie. Je suis en train de devenir l'étudiant d'une grande école, celle de la magouille et de l'arnaque fructueuse. Je me garderai de pousser l'irrévérence jusqu'à prétendre que les futurs politiciens de l'ENA et moi étudions la même discipline, à savoir comment couillonner au mieux nos concitoyens, mais reconnaissons que le rapprochement est tentant.

Un soir, au Costes, le café à la mode du quartier des Halles où il est de bon ton de commencer ses soirées, je retrouve une de mes premières proies. Ce type, que nous appellerons Laurent, doit avoir dans les trente-cinq - quarante ans et j'ai assez vite remarqué la fascination qu'exercent sur lui les personnes célèbres, les

109

noms connus. Il se consume du désir d'être admis dans le cercle restreint des *happy few*, mais n'y parvient pas. Au Coste, comme au Palace, comme chez Castel ou chez Régine, il se voit cantonné dans le magma des anonymes qui n'ont que leur fric comme passeport pour le luxe, mais auxquels la jet set n'accorde pas de visa.

Or, du fric, il n'en manque pas, je m'en suis assuré. Son père lui a laissé une agence de promotion immobilière en grande banlieue qui marche fort bien, avec, en prime si l'on peut dire, un héritage de quinze millions de francs, sans compter le foncier bâti, s'il vous plaît !

Bien entendu, Laurent m'a remarqué depuis longtemps dans les endroits où il faut se trouver. Il était là, au Palace, le soir où Sade, la splendide chanteuse black au sommet des hits à l'époque, m'a piétiné les Weston tout le long d'un slow langoureux. Il a vu également le Tout-Paris m'embrasser et les patrons de ces hauts lieux de la capitale m'offrir du champagne comme s'il en pleuvait. Car ça se passait comme ça. Je n'ai jamais rien payé. Tout le monde savait que je n'avais pas d'argent, mais j'étais le copain de Gilles, et surtout j'amusais, je plaisais, cela suffisait à l'époque, dans ce milieu de fête, pour avoir table ouverte.

Bref, mon agent immobilier de province bave d'envie quand il me voit si à l'aise avec ces gens... Bien entendu, je fais comme s'il n'existait pas. Pour moi, il est transparent. Du moins, je le lui laisse croire. Pendant des semaines... Il n'en peut plus. Je le sens mûr...

Ce fameux soir, donc, au Costes, comme si une illumination soudaine me venait, je consens à le reconnaître. Ou plus exactement, je daigne enfin m'apercevoir de sa présence. Je me lève pour aller aux lavabos, je salue au passage, en familier, quelques créatures de rêve et j'évite de justesse de heurter sa table. J'ouvre la bouche pour m'excuser et je lâche les mots qui le font mourir d'extase :

— Est-ce que nous ne nous sommes pas vus quelque part, vous et moi ?

Il n'en revient pas. Il manque d'air, cherche quoi répondre, balbutie quelque chose d'inaudible. Trop tard, je suis déjà parti aux toilettes. Je lui laisse le temps de se ressaisir et lorsque je reparais, il a enfin trouvé quelques phrases toutes faites :

— Nous fréquentons les mêmes endroits, lâche-t-il comme une mitraillette. Acceptez-vous de prendre une coupe de champagne avec moi, ça me ferait tellement... tellement...

— Une autre fois, peut-être, mais pas ce soir. Je dîne chez la princesse Leandrina et je suis déjà en retard.

Il est au désespoir, mon joli poisson si bien appâté.

— Demain ? tente-t-il.

Je fais mine d'hésiter.

— Demain, non.

— Après demain, alors ?

De nouveau, un temps de réflexion s'impose.

— Pourquoi pas ? Je sors de conférence vers... Ah mais non, ça ne va pas. Je ne suis pas du tout dans ce quartier après-demain.

— Ce quartier ou un autre, peu importe ! s'enthousiasme Laurent. Je passe vous prendre où vous voulez !

— Alors O.K. Venez me chercher à la sortie de l'école, à 18 h 30.

— Super !

Il est fou de joie, mon brave promoteur. Je fais un pas pour m'éloigner de la table. J'attends sa réaction, je suis confiant, elle va venir. Et elle se produit sur-le-champ. Il se lève en toute hâte, me rattrape.

— J'ai oublié de vous demander à quelle école je dois vous attendre.

— L'ENA, voyons. Vous savez où se trouve l'ENA, bien sûr ?

Apparemment, il le sait. Il a bien de la chance car moi je n'en ai aucune idée.

J'ai un jour de battement pour combler mes lacunes. Car non seulement je ne connais pas l'adresse exacte de l'École nationale d'administration, mais j'ignore si l'heure du rendez-vous correspond à quelque sortie de l'établissement.

Je me rends donc à l'École et j'observe les étudiants, la manière dont ils sont habillés, ce qu'ils ont à la main ou sous le bras, sacoche en cuir, porte-document. Je saisis au vol quelques gestes, des attitudes, une démarche, une manière de ne pas sourire trop en saluant, et je repars avec quelques indications précieuses pour ma mise en scène. En ce qui concerne l'horaire, je n'ai évidemment aucune certitude, mais je me dis que s'il n'y a pas de sortie au moment où Laurent se pointera, je n'aurai qu'à franchir, même seul, le porche solennel pour qu'il gobe l'affaire... C'est là, en effet, que réside toute l'astuce du plan. Il faut que Laurent me voie *effectivement* sortir de l'ENA, quitter le hall et passer le portail avec un regard de connivence pour le planton.

Cette mise au point se révèle impérative car, comme cela sera presque toujours le cas dans mes prises d'identité, je n'ai pas « préparé » mon arnaque à l'ENA. Contrairement à ce qu'on a souvent raconté pour me charger en m'accusant de préméditation, je n'ai jamais programmé à l'avance ce que j'allais faire, l'angle d'attaque que j'allais choisir pour monter mes coups de Jarnac. Devant Laurent, j'ai balancé les mots « école », « ENA » comme j'aurais pu dire « Banque de France » ou « Jockey Club ». Il n'en sera jamais autrement. Je lance un mot, un nom, après je fais avec. J'improvise, je me débrouille, j'écris la pièce dans l'urgence et j'adapte en permanence la dramaturgie et le texte en fonction des événements.

Le jour du rendez-vous, je m'introduis à l'ENA en même temps qu'un groupe d'étudiants. Personne ne songe à s'en étonner. Je suis la copie conforme de la majorité de ces élèves, un peu plus jeune que la moyenne, certes, mais mon scénario prévoit que je suis un surdoué, bachelier à quinze ans, licencié en droit à dix-neuf et *tutti quanti*. J'ai la tenue qui convient, un blazer strict sur un pantalon gris soutenu, une chemise bleu pâle et une cravate très légèrement dénouée. Club « british », la cravate, *of course*. Sous mon bras, un maroquin acheté la veille et que j'ai patiné en le passant sous la douche puis au sèche-cheveux avant de le bourrer de coups de poing.

Par chance, un groupe sort à l'instant même où Laurent arrive sur le trottoir d'en face. Je me mêle à ces futures élites de la nation, nous quittons le hall, descendons le perron, traversons la cour, atteignons la rue et là, sur le trottoir, avant de rejoindre mon gentil nigaud, je lance à l'adresse d'un des étudiants, choisi évidemment au hasard :

— Henri, surtout n'oublie pas ! Nous nous voyons demain pour ce que tu sais !

Et voilà, le tour est joué.

Un quart d'heure plus tard, je suis assis face à Laurent dans un moelleux fauteuil au bar de l'Idéal Hôtel, endroit chic et feutré, rue de Verneuil, devant le domicile de Serge Gainsbourg... Et naturellement, je lâche devant mon friqué de banlieue de plus en plus éberlué :

— S'il n'était pas encore si tôt, j'appellerais bien Serge pour qu'il vienne prendre un verre avec nous, seulement à cette heure-ci il doit encore dormir. Il vit la nuit, vous savez... Mais après tout, il est peut-être réveillé. Vous voulez que je tente le coup ?

Je sais ce que je fais en proposant cela. Le type, non préparé à se trouver devant un monstre sacré, refuse, se dérobe. Il va regretter trente secondes plus tard, mais son premier réflexe est la fuite.

— Vous connaissez aussi Gainsbourg ? s'ébahit-il. Je vous ai vu avec des tas de gens, mais je n'ai jamais eu la chance d'apercevoir Gainsbourg où que ce soit. Alors forcément...

Il veut dire « forcément, je ne vous ai jamais vus ensemble », car il ne lui vient pas à l'esprit de douter de ce que je prétends. Je prends un air à la fois distant et harassé. Les cours de l'ENA sont épuisants, n'est-ce pas, surtout pour moi qui ai tout juste vingt-deux ans — en réalité, je n'en ai que dix-neuf —, mais « père » tient tellement à ce que j'intègre la haute administration... Je me soumets, bien que ce ne soit vraiment pas ma tasse de thé.

Laurent avale tout. L'appât, l'hameçon, la canne à pêche. Il n'y a guère que le pêcheur qu'il ne puisse pas bouffer. Et pour cause, le pêcheur c'est moi, et c'est moi qui suis en train de le dévorer tout cru.

— Ah bon, compatit-il. Et votre tasse de thé, c'est quoi ?

Je n'attends que cette ouverture, bien sûr.

— Moi, mon truc, ce sont les affaires, le business... Mais mon père n'entend rien à cela. Il est assis sur la fortune familiale et n'en fait rien. Je veux dire rien de flamboyant ! Vous comprenez ?

Il comprend, naturellement. Alors, j'avance mes pions.

— Par exemple, nous parlions de Serge, à l'instant. J'ai mis un peu d'argent sur un projet de film qu'il devait réaliser. Ça ne s'est pas fait, mais si j'avais eu les coudées franches, j'aurais mis le paquet et Serge aurait fait son film...

— Ah oui, un film... Serge... coudées franches, bredouille mon poisson en train de se noyer... Heu, le bruit court que vous êtes propriétaire du Palace...

Je suis très au courant de cette rumeur puisque c'est moi qui l'ai lancée. Quand j'ai vu que le patron m'offrait du champagne à foison, j'ai glissé dans le creux de deux ou trois oreilles choisies que cela me revenait de droit, puisque je possédais plus ou moins la boîte. Toutefois, devant mon provincial, je la joue mesurée :

— Attention, Laurent — là je lui glisse son prénom : il est au bord de l'orgasme —, je ne suis pas propriétaire du Palace. Je ne suis qu'un des associés. Très minoritaire d'ailleurs. Nuance ! Je ne sais pas qui peut colporter des bobards pareils... Cependant, il est exact que je suis en train de constituer un tour de table pour augmenter ma participation dans cet établissement et, peut-être, prendre la majorité. Comme je travaille à un projet du type Palace à New York et à Tokyo, la mainmise sur celui de Paris m'est presque indispensable. Mais nous n'en sommes pas là... Pour l'instant, buvons à nous, à l'amitié naissante : demain j'ai une rude journée, je dois traiter un petit business avec un ami de l'ENA, Henri. Vous m'avez vu avec lui tout à l'heure à la sortie de l'École. Oh, il ne s'agit que d'un tout petit truc. Mon camarade Henri vit en couple avec une ancienne danseuse du Bolchoï qui cherche à lancer un club chic dans un bar du Marais et il souhaite que je monte dans le wagon avec lui. Je me tâte. Il en veut tout de même cinq cent mille francs, de son strapontin ! Oublions cela, ce soir je ne sors pas, je me couche de bonne heure... À cent mille je marche, à cinq cents, il va se rhabiller.

Là, brusquement, je me lève. Fin du spectacle. La séance a assez duré pour le premier jour. L'autre est pris de vitesse. Il se lève à son tour, gauche et abasourdi, règle les deux coupes de champagne, il y tient. En bon agent immobilier, il dépose sa carte de visite dans le creux de ma main. Je ne me donne même pas la peine de faire semblant de chercher la mienne.

— On se revoit, c'est promis ? implore mon benêt.

— OK. Disons demain. Même heure, même endroit. À la sortie de l'École.

— J'y serai. Sans faute.

Une fois dans la rue, je me retiens d'éclater de rire. Je lève les yeux sur les volets clos de la demeure de Serge et je m'entends murmurer :

— Dors bien, l'artiste ! Je suis sûr que la petite comédie que je joue là t'amuserait beaucoup !

Le lendemain je trouve plus sage de déplacer le rendez-vous. Deux fois la sortie de l'ENA à la hussarde, c'est risqué. Je passe donc un coup de fil en milieu de journée pour fixer notre rencontre à 20 heures, au Costes.

À l'heure dite, bien sûr, mon homme est là... Et mes cinq cent mille francs ne sont plus un problème du tout ! À condition bien sûr que ce soit du fric au black, que son nom ne figure sur aucun papier de transaction et, surtout, qu'il soit admis dans le premier cercle des invités de la jet set quand nous inaugurerons l'estaminet chic et choc de cette danseuse russe. Je ne peux rêver mieux : l'argent en liquide, donc inconnu du fisc, l'anonymat sur le prêt, et la promesse d'une place de roi pour une fête qui n'aura jamais lieu.

Dans les trois jours qui suivent, Laurent me lâche les cinq cent mille francs. Je lui explique que, en raison de la discrétion qu'il souhaite sur cette affaire, il est plus prudent que je ne l'introduise dans la jet set que lors de l'ouverture de notre nouvelle enseigne, mais que à partir de cette intronisation quasi officielle, je ferai de lui un incontournable des nuits parisiennes. Il est d'accord sur tout.

Je continue de le croiser ici ou là, nous nous adressons des signes discrets de connivence et je flambe allègrement son fric.

Quelques mois passent. Je sens que mon commanditaire commence à s'impatienter. Il hésite encore à me poser des questions, mais je vois bien qu'il y vient, alors je prends les devants... Je provoque une rencontre dans un endroit inhabituel pour nous, un bar-tabac rue Jean-Mermoz, et là je la joue désespérée. Je lui expose à voix basse que je suis navré, sincèrement navré, parce que notre affaire va mal, très mal. On est même au bord du scandale et si Henri et moi n'étions pas les fils de parents respectables et des élèves de l'ENA, la bombe aurait déjà explosé à la une des journaux et au 20 heures de PPDA. L'ex-danseuse du Bolchoï nous a bien eus, Henri et moi ! En fait, elle n'est qu'une vulgaire pute balkanique et les flics l'ont serrée avant-hier à l'aube, en possession de substances pas claires du tout.

Mon pauvre créancier est plus blanc que le sucre qu'il est en train de réduire en poudre entre ses doigts. Je marque une pause, jette des regards angoissés autour de moi et reprends mes jérémiades en lui confessant que, pour l'heure, la seule chose qui m'intéresse est que nos noms ne sortent pas au grand jour. Quand je dis « nos noms », mon notable de grande banlieue a tôt fait de comprendre que le sien figure en haut de liste. Il frise l'apoplexie. Il est plus cramoisi que le double cognac que je viens de lui faire servir. Il respire de plus en plus mal. C'est sûr, il va nous faire une syncope. Le moment de l'estocade est donc venu.

— Pour ton fric, Laurent, tes cinq cent mille, je vais voir comment faire. Je ne veux pas te planter. Ce n'est pas mon genre. Tu peux compter sur moi, tu le sais...

Là, il se dresse devant moi, paniqué, les mains en protection comme si j'étais le diable :

— Non, non, le fric, tant pis ! Tant pis, je te dis. On ne se connaît pas, tu n'as jamais entendu mon nom, on n'a jamais été en contact l'un avec l'autre ! Si je suis mêlé à ça, je suis foutu, tu comprends ! Foutu !

Et il déguerpit.

Moi, je repars à mes petites affaires, hilare...

119

Cela dit, je ne suis pas totalement satisfait. Je n'ai pris que cinq cent mille, ce n'est pas assez et j'ai multiplié les erreurs d'amateur. À mon ENA personnelle – École nationale de l'arnaque –, je me créditerais d'une note de 12 sur 20 et je l'assortirais de ce commentaire : « Peut et doit mieux faire ».

Cependant, pour imparfaite qu'elle soit, cette entourloupe n'en contient pas moins les ingrédients principaux de toutes mes « prouesses » en la matière. À quelques détails près, la recette est immuable : prendre un pigeon bien cupide ou bien vaniteux qui désire roucouler plus haut que son ramage et amasser toujours plus de grain à boulotter, le faire mijoter un bon moment dans ses rêves de grandeur et de fortune, puis, quand il est doré à point, lui faire dégurgiter tout ou partie des précieuses réserves planquées dans son nid à l'insu des vautours du fisc. Le festin est prêt. Il ne reste plus qu'à déguster. Champagne de grand millésime obligatoire, cela va sans dire !

Pendant que cette juteuse expérience se déroule, je tisse des liens privilégiés avec une très belle jeune fille que nous nommerons Isabelle. Outre son physique de rêve, Isabelle présente l'intérêt non négligeable d'avoir des parents fort riches. Et du meilleur monde, ce qui ne gâte rien, car j'ai encore mille choses à apprendre pour me mouler toujours mieux dans les us et coutumes de la grande bourgeoisie. Si Gilles a parfaitement rempli sa mission de débourrage, Isabelle s'emploie, elle, à peaufiner le travail, à raffiner le sauvageon dans le détail, à parachever sa métamorphose.

Je l'ai rencontrée lors d'une soirée privée dans un loft extravagant du côté de la Bastille. Les invités étaient triés sur le volet et être admis dans ce cénacle tenait pour moi du miracle. Il est vrai qu'à ce moment-là, entiché de noblesse, je me faisais appeler Christophe « de » Rocancourt. Cela sonnait bien. Ma fièvre aristocratique m'avait même poussé à prendre langue avec un prince russe afin qu'il m'adopte ou me fasse obtenir un pseudo-certificat de noblesse tsariste. Un titre de prince caucasien me semblait convenir. Afin de stimuler son enthousiasme, j'avais fait don à mon prince, pour ses œuvres, d'une enveloppe contenant une liasse de billets. Cette largesse ne m'avait pas coûté trop cher puisqu'elle provenait de l'argent subtilisé à ce cher Laurent. Malheureusement pour moi, à mon tour j'ai été victime de mes ambitions mondaines : mon aristocrate russe était un faux prince mais un vrai escroc. Lorsque je l'ai appris, je n'ai pas pu m'empêcher d'éclater de rire.

Faute de noblesse exotique, je me suis donc réfugié dans la gentry normande et me suis baptisé Christophe de Rocancourt. Le changement s'est opéré du jour au lendemain, comme si aux douze coups de minuit une particule m'était tombée du ciel.

Le plus sidérant est que, dans mon entourage, personne ne semble s'en étonner. Ma fantaisie entre dans les usages de mon petit monde à l'instant même où j'en décide ainsi. Aujourd'hui encore, je reste stupéfait de la facilité avec laquelle cela s'est fait.

Seules deux personnes ne sont pas dupes : Isabelle et un de mes amis que je croise de loin en loin car il n'aime ni le monde de la nuit ni celui de l'esbroufe. Lui et moi avons en commun les livres et les grands bordeaux, ce qui est autrement appréciable. Isabelle a le tact de ne pas me faire de remarque sur ma récente noblesse, mais je lis dans son regard une ironie qui ne trompe pas. Mon ami, lui, y va carrément :

— C'est bien joli de se balancer une particule, encore faut-il savoir la manier. Tes initiales ne peuvent pas être C d R, comme tu l'as écrit sur le petit mot que tu m'as fait passer ce matin, mais tout bonnement C.R. Le « de », quand il est effectivement une particule, ce qui n'est pas toujours le cas, se distingue du nom lui-même. Idem quand tu ne donnes que ton patronyme. Tu ne dois pas dire, par exemple, « Je me présente : de Rocancourt », mais uniquement « Rocancourt ». La particule ne s'utilise que précédée du prénom, du titre de noblesse, du grade, de la distinction éventuelle et bien sûr du « monsieur » ou « madame » du langage courant. Ainsi, on ne dit pas « de Condé », mais Condé, alors qu'on dit évidemment le prince de Condé. Dans la conversation, je parlerai de « mon ami Chateaubriand », et non pas de « mon ami *de* Chateaubriand ». Laisse ces bourdes aux bourges qui se la pètent, s'il te plaît, ils y excellent ! Ou alors tu ne tromperas que ceux qui veulent bien l'être. Cela dit, comme toute règle, celle que je viens de t'expliquer a ses exceptions.

Lorsque le nom ne compte qu'une syllabe, on intègre la particule : on dit « de Thou » et non « Thou ». Même chose lorsque la phonétique impose l'élision de cette particule. Exemple, le célèbre rameur-navigateur d'Aboville. On ne dit évidemment pas « Aboville ». As-tu bien compris, Christophe *de* Roucancourt *de* la Menterie, prince de l'Embrouille, marquis du Piège à Cons ?

Oui, j'ai compris. Ce genre de leçons, inutile de me les resservir deux fois. Je les retiens sur-le-champ.

Après le cours magistral de mon joyeux compagnon, je comprends mieux pourquoi Isabelle n'est pas tombée dans le panneau. Elle ne m'en a pourtant jamais parlé. Il est vrai qu'elle a toujours été avec moi d'une prodigieuse indulgence. Je lui dois beaucoup, et ce qu'elle m'a appris, je n'aurais pas pu l'acquérir en fréquentant seulement la jet set. On ne se comporte pas avec la faune du Palace, même la plus huppée, comme on se tient à un dîner chez un conseiller d'État ou à la table d'un capitaine d'industrie. Les codes ne sont pas les mêmes et si, quelquefois, les sujets abordés peuvent paraître voisins, les angles d'attaque, le ton, le vocabulaire pour les traiter ne sont pas identiques. Ces différences, qu'on n'imagine pas à l'extérieur de ces cercles, touchent à une infinité de détails. Cela va de la tenue vestimentaire à la coupe de cheveux, au type d'humour autorisé, à la gestuelle en passant par les rites qui précèdent l'invitation et la suivent, les tolérances d'erreur quant à l'usage du couvert à poisson ou le rythme sur lequel on doit alterner la conversation avec sa voisine de droite et celle de gauche.

Isabelle m'enseigne tout cela, et bien d'autres choses. Dès le premier jour, elle a su me faire comprendre que je lui plaisais. Dès le premier jour aussi, elle a soupçonné chez moi une foule d'imperfections. Mais comme cela a été le cas pour Gilles, mes manques et mes insuffisances l'attirent. Isabelle me veut du bien. Beaucoup de bien. Elle a de l'ambition pour moi.

Ses parents sont encore plus riches que ce qu'on murmure à Paris. Son père exerce une importante fonction dans les instances de la République et je ne tarde pas à comprendre que son traitement, très enviable pourtant, ne représente pour lui qu'une partie de son argent de poche. Ces gens possèdent plusieurs immeubles dans Paris même, sept je crois, tous situés dans le XVIe arrondissement.

La première fois qu'Isabelle m'emmène dans l'appartement familial, j'ai le vertige. Non pas à cause de la hauteur de l'immeuble, mais de l'épaisseur du tas de fric que représente ce que je découvre. Meubles, bibelots, tableaux de maîtres, tapisseries anciennes, sculptures, Isabelle me présentera par la suite un à un ces objets, et me les commentera.

J'acquiers ainsi au fil de nos après-midi des connaissances qui viennent embellir celles que Gilles m'a apportées. Gilles que je vois toujours mais qui me laisse désormais la bride sur le cou se demande-t-il encore si je serai cheval de haute école ou canasson de cirque ? Je sais d'ores et déjà, pour ma part, que je resterai toujours un cheval sauvage. Nul ne parviendra jamais à me dresser.

Isabelle et moi passons beaucoup de temps à l'appartement car les parents de ma belle amie voyagent sans arrêt. Alors, peu à peu, des habitudes sont prises et, de fil en aiguille, je me sens presque chez moi dans ce décor magnifique qui me semble propice à un joli tour à la façon de Beaumarchais.

Bientôt, ma belle Isabelle trouve normal de me laisser ses clefs lorsqu'elle vaque à ses occupations. Pour nous retrouver, il est en effet plus simple que je l'attende là plutôt que dans un salon de thé où je risque de poireauter une heure si elle a pris du retard.

La marque de confiance me touche, évidemment, mais elle me tente aussi beaucoup... Lorsque je sais ma douce amie absente pour tout l'après-midi, je me mets à recevoir dans son appartement, enfin... chez ses parents, où je me conduis en parfait maître de maison.

La plupart du temps ce sont mes futurs « clients » que je convie dans ce luxe, histoire de les appâter un peu plus et d'endormir leur méfiance. Qui rechignerait à lâcher cent ou deux cent mille francs à un garçon propre sur lui, bien éduqué, élève d'une grande école, qui vit dans une telle richesse et dont les parents possèdent non seulement l'appartement mais tout l'immeuble ? Personne ! D'autant que ces quelques sous réclamés sont appelés à rapporter le jackpot. Un énorme jackpot ! En théorie, du moins...

Ainsi donc, ma petite entreprise ne connaît pas la crise et je mène de front volupté et prospérité sous la baguette de la fée Isabelle.

Un après-midi, alors que je me prélasse chez moi – je veux dire chez elle –, en lisant un journal, je tombe sur une petite annonce des plus alléchantes : « Vends Porsche 911. État neuf. 12 000 km. » Viennent ensuite deux précisions, le prix et le numéro de téléphone. Je ne prête guère attention au prix. De toute façon, j'ai grillé au poker beaucoup de fric ces derniers temps et je ne suis pas très en fonds. Néanmoins, je décroche le téléphone. Le vendeur me répond, précise ses conditions, et se croit obligé de mentionner que, avec seulement 12 000 kilomètres au compteur, c'est l'affaire du siècle. Bref, nous tombons d'accord.

– Parfait, se réjouit-il, vous pouvez venir voir la Porsche à mon adresse, c'est à deux pas du Trocadéro.

Ce à quoi je réponds sur le ton qui convient quand on n'est pas né pour se faire traiter en larbin :

– Pas question, c'est vous qui me l'amenez au pied de mon immeuble. Soyez là dans vingt minutes. Je tiens à faire la surprise à ma fiancée quand elle rentrera tout à l'heure.

Je raccroche, enchanté. Bien sûr, il y a un petit problème, en plus de l'argent : je n'ai pas de permis de conduire. Mais si l'on devait s'arrêter à de tels détails, on ne ferait jamais rien dans l'existence.

Enfin, jamais rien de drôle.

– 8 –

LE MONOPOLY FAÇON ROCANCOURT

Isabelle me regarde avec des yeux ronds.

– Nous partons en Normandie, là, maintenant ? s'étonne-t-elle. Tu ne m'en as rien dit !

– Je ne t'ai rien dit parce que je voulais te faire la surprise.

– Comment y va-t-on ? Nous prenons le train, je dois louer une voiture ?

– Ne t'occupe pas de ça. Prépare ton sac de voyage, emporte le minimum, ce qui manque nous l'achèterons sur place. Grouille-toi, nous sommes vendredi et je veux quitter Paris avant le troupeau des zozos.

Nous descendons. Au bord du trottoir la Porsche nous attend. Elle est exactement de la couleur qu'Isabelle préfère. Coup de pot, évidemment, mais je tourne la coïncidence à mon profit :

– C'était cette teinte-là ou rien du tout... Allez, grimpe, ma belle ! À nous la folle équipée à Deauville ! On va rejouer *Un homme et une femme*. « Chabadabada, chabadabada »...

Perplexe, ma beauté hésite encore. Elle porte le regard alternativement sur la voiture et sur moi, hoche la tête :

— Mais, je ne t'ai jamais entendu dire que tu avais ton permis de conduire. Il me semble même... Ah bon, tu prends le volant. Tu es sûr ?

— Absolument sûr.

Isabelle se résigne, s'installe, apprécie l'instant où son corps épouse le cuir du siège.

— Tu ne l'as pas achetée, tout de même !

— Presque pas...

— On te l'a prêtée ?

— On ne prête qu'aux riches et en ce moment je ne le suis pas. Maintenant, fais-moi le plaisir de te taire et savoure un peu la musique du moteur. C'est beau, non ?

Autoroute de Normandie. Je pousse les rapports à fond, je maltraite la limitation de vitesse comme jamais, le moulin miaule, rugit. À ce moment-là de mon existence, si j'ai tenu un volant plus de trois mille kilomètres, c'est le bout du monde. Il m'est juste arrivé de conduire les voitures que Gilles louait quand nous devions nous rendre à une partie de campagne en vallée de Chevreuse ou en Sologne. Qu'à cela ne tienne ! Je m'éclate à mort, et le plus beau est qu'Isabelle se laisse gagner par l'ivresse de la vitesse. Nous rions comme des mômes, pour rien.

À Pont-l'Évêque, nous sortons de l'autoroute, mais le rallye continue. Je m'offre les routes étroites et sinueuses de la côte dans les deux sens. Quand je rétrograde en surrégime à l'entrée des virages, la mécanique hurle et cela nous fait rire encore plus fort, Isabelle et moi. Le soir, nous dînons dans un petit bistrot du port de Trouville. Friture d'éperlans, sancerre blanc. J'ai garé la voiture juste devant le resto, histoire de ne pas la perdre de vue. Un petit calva pour la route, et c'est reparti ! Nouveau rodéo dans la campagne honfleuraise et il faut que nous soyons bien fatigués – ou bien excités – pour que nous consentions à quitter les baquets de la Porsche pour l'hôtel.

Tout le week-end, nous ne faisons que cela : le lit, la Porsche, le lit, la Porsche...

Le dimanche après-midi, mine de rien, je m'arrange pour que notre périple nous conduise à Saint-Germain-Village et, à deux reprises, je fais demi-tour devant le portail de l'orphelinat. C'est plus fort que moi, il faut que je vienne traîner par là ! J'évite cependant les autres lieux de mon enfance, par peur de ne pas parvenir à masquer l'émotion qui pourrait me gagner.

En voyant la grande bâtisse rapetisser dans le rétroviseur lorsque nous repartons, je ne résiste pas à la tentation, pourtant périlleuse, de parler de l'établissement :

— Autrefois, ce gros truc derrière nous était une léproserie. Puis on l'a transformé en orphelinat...

À cet instant, je me souviens que je suis censé m'appeler Christophe *de* Rocancourt, rejeton de la bonne noblesse normande. Alors je m'entends confier, faussement désinvolte :

— D'ailleurs, mon grand-père a beaucoup donné pour cet orphelinat. Il s'y est pratiquement ruiné...

Après ces mots, un silence trouble s'installe dans la voiture. Je sens le regard d'Isabelle posé sur moi. Je fixe la route. Je roule moins vite. Durant un bon moment, je m'interdis de tourner la tête vers ma passagère. Une intuition proche du malaise m'envahit. J'en ai trop fait avec ma salade improvisée de grand-père bienfaiteur... J'ai lancé les dés trop loin. Je mettrais ma main à couper que ma belle amie a eu un flash et qu'elle soupçonne à présent que c'est de là que je sors. Pas en qualité d'héritier d'un improbable aristocrate, mais comme petit gueux, fils de hasard et gosse de rien.

Délicate comme elle sait l'être, Isabelle ne m'en souffle mot. Mais moi, je sais que j'ai fait une connerie, une grosse... Je reçois à cet instant une autre leçon de la vie, une fois de plus : quand on sort du cloaque comme moi et qu'on a refermé les portes derrière soi, il ne faut jamais les rouvrir devant témoins ! Même de quelques millimètres. Sinon, ton passé puant s'engouffre dans l'interstice, te recouvre de son linceul poisseux et plus personne ne croit à tes chimères dorées.

Pour l'heure en tout cas, je me dis que si je continue à rouler sans but à travers la campagne, le malaise risque de s'alourdir. Isabelle va se mettre à gamberger et la belle escapade virera au cauchemar.

En conséquence, direction l'hôtel. Nous nous enfermons dans la chambre, je fais monter du champagne et nous faisons l'amour. Nous buvons, nous nous aimons. Nous buvons encore, nous nous roulons dans les draps et les polissonneries et de nouveau nous retrouvons nos rires de gamins. Tant mieux. L'alerte a été chaude.

Isabelle s'assoupit et je la regarde dormir. Elle est belle. Est-ce que je l'aime ? Je n'en sais rien... Et si je ne le sais pas, c'est certainement que je ne l'aime pas d'amour, comme on dit. Et puis merde, est-ce qu'un mec comme moi peut aimer ?

Je prends encore un peu de champagne. Je rêvasse et, intérieurement, je me marre. Si elle savait, ma belle endormie ! Si elle savait comment j'ai fait pour la Porsche ! Alors là, elle ne rirait plus...

Le type qui a passé la petite annonce pour vendre la 911 m'a déplu dès le premier regard. Je dois dire que cette mauvaise impression m'a beaucoup encouragé à l'arnaquer. Un mec adipeux, arrogant, suffisant, lourde chaîne en or autour du cou, la chemise ouverte jusqu'au nombril, une gourmette de trois kilos au poignet, une énorme chevalière, et probablement pas plus de cent cinquante mots de vocabulaire dont la moitié doit concerner son commerce : ce gros est un « grossiste », je n'en saurai pas plus.

Malgré ses grands airs, il n'a rien vu venir, le bouffi. Je lui ai dit qu'avant d'acheter sa tire, il me fallait l'essayer le temps du week-end. Il a renâclé, je lui ai opposé que ce n'était pas à discuter. D'ailleurs, je lui laissais en gage un chèque couvrant l'achat. Il a fini par craquer, impressionné sans doute par le luxe de l'immeuble d'où je venais de sortir... situé à deux rues de celui d'Isabelle. Inutile en effet de communiquer une vraie adresse à un dindon qu'on s'apprête à plumer.

Jusqu'à ce stade de la manipulation, je me sens assez fier de moi. En ce qui concerne le chèque, je me montrerai plus circonspect... À force de vivre dans l'appartement avec Isabelle, j'en connais les habitudes. J'ai souvent vu mon amie prendre de l'argent dans le tiroir du bonheur-du-jour du petit salon. C'est là que se trouvent aussi les chéquiers de ses parents... Le chèque de caution pour la Porsche provient de là. Attention, je ne l'ai pas volé, ce chèque : seulement emprunté...

En effet, le lundi soir, avec une bonne demi-journée de retard, je ramène la Porsche au Trocadéro. Mon « grossiste » m'attend, tout sourire. Il croit tenir l'affaire. Je descends de la Porsche, l'œil noir, le visage dur, et j'attaque aussitôt :

— C'est une merde ce truc-là ! Rendez-moi le chèque...

Le pauvre garçon se liquéfie.

— Ah bon, vous ne la prenez pas ? Mais c'est impossible, voyons...

— Non, je ne la prends pas. Et vous me rendez la caution ! Tenez, voilà les clefs.

Ses doigts tremblent quand il me restitue le chèque que je déchire aussitôt en confettis sous ses yeux horrifiés. M'éloignant à grands pas, je lance :

— Le confort de ce machin ne convient absolument pas à ma fiancée. On a fait une petite balade de rien du tout et elle a les reins en compote. Je devrais vous demander réparation pour le préjudice causé : votre bagnole m'a bousillé mon week-end.

Je n'ai pas parcouru cent mètres que j'entends un grand cri de stupeur, suivi d'une insulte qui m'est manifestement destinée.

– Enculé ! Enculé de ta race !

C'est très grossier, certes, mais il faut le comprendre, le pauvre gars. Quand il s'est assis au volant de la Porsche et qu'il a constaté que le compteur n'indiquait plus douze mille kilomètres comme au départ, mais tout près de quatorze mille, il a eu un choc. Normal.

Je ne ris pas bien longtemps. Nous sommes rentrés à Paris où, au-dessus de ma tête, le ciel ne cesse de s'assombrir. Ces derniers temps, j'ai beaucoup perdu au poker. La guigne, la mauvaise passe que traversent tous les joueurs à un moment ou à un autre en tâchant d'oublier que le jeu est fait davantage de mauvaises donnes que de bonnes.

Nous sommes lundi. Mardi soir, je dois être en mesure de rendre cinquante mille francs à un chanceux qui m'a ratissé du double en une heure jeudi dernier. Les types avec lesquels je tape le carton ne sont pas du genre à se contenter de belles paroles et à se laisser endormir par une sornette de patronage. Ils ne connaissent qu'une règle : le fric sur la table à l'heure dite, sinon gare aux emmerdes sévères. Il arrive que les contentieux se terminent mal, très mal...

Les cinquante billets, je les trouve, une fois encore, mais au prix d'une acrobatie de champ de foire, par le biais d'une magouille pitoyable. Non seulement c'est usant mais c'est indigne. Trop souvent, je croise des flambeurs sur le retour qui, à cinquante balais passés, en sont encore à courir des journées et des nuits entières après trois mille balles pour régler une paire mal emmanchée. L'idée que je puisse un jour devenir l'un d'entre eux me donne la nausée. La vérité, il est temps que je la regarde en face ! La Porsche, mes petites combines, mes expédients, c'est bien gentil, mais c'est de la merde. Je joue petit bras et ça ne me mènera nulle part ailleurs que dans le mur.

Je brasse ces pensées dans ma tête en rentrant à pied chez Isabelle. Je ne prends pas le chemin le plus court, exprès, et mes pas me conduisent dans une rue de « notre » XVIe arrondissement.

Soudain, je m'arrête sur le trottoir, juste à la hauteur d'un immeuble que je trouve charmant, coquet même. Un jour, Isabelle me l'a montré. Il appartient à ses parents, de la cave aux combles. Je le regarde. Il me plaît. Je sens monter en moi la fièvre sympathique qui accompagne l'éclosion de l'idée juteuse. Ma petite voix me susurre : « Imagine que quelqu'un le vende, ce joli immeuble, il en tirerait un fameux paquet... Et imagine que ce quelqu'un ce soit toi... »

C'est beau de rêver. Cela aide à vivre parfois. Je m'attarde à contempler la façade élégante, un peu gâchée, à mon sens, par un magasin de télé-radio-hi-fi, au rez-de-chaussée... Mon manège a-t-il fini par intriguer le commerçant ? Je m'aperçois qu'il m'épie derrière sa vitre. Il doit me prendre pour un voleur en repérage et je l'épouvante... N'est-il pas de mon devoir de le rassurer ?

J'entre dans la boutique, je salue poliment cet homme, et quelques mots suffisent à le rasséréner :

– Je suis le fils du propriétaire de l'immeuble. Ne vous inquiétez pas. Je dois m'en occuper, mon père m'en a chargé. Vous me reverrez sûrement.

Voilà, pour ainsi dire, je n'ai rien fait. Le destin a choisi pour moi. J'ai poussé la porte et j'ai prononcé les mots qui me passaient par la tête : « Je suis le fils du propriétaire de cet immeuble. » Autrement dit, il m'appartient... Maintenant que j'ai inventé cette réalité, il me faut bien m'en accommoder.

Mais déjà, sur la manière d'y parvenir, j'ai mon idée.

Hélas, le montage de cette affaire va prendre plus de temps que je ne l'aurais souhaité. Alors que je commence à peaufiner mon scénario, les aléas de la vie m'offrent une nouvelle expérience en même temps qu'une nouvelle adresse. En effet, pendant neuf mois, je vais être logé aux frais de la République, non pas dans le XVIe arrondissement auquel je suis pourtant très attaché, mais en banlieue, à Fleury-Mérogis pour être précis.

Dans ma version revue et corrigée du Monopoly, je me voyais faire fortune en vendant la rue de la Pompe et je me retrouve à la case prison sans même avoir pris vingt mille au passage. Tout cela pour une poignée de dollars !

Quelques mois plus tôt, alors que je suis dans une passe faste tant au poker que dans mes transactions avec Laurent et quelques autres « clients » de moindre importance, un type que je croise de temps en temps au Plaza me tape de cinquante mille francs. Comme la vie est belle pour moi et que dame la chance me dorlote, je prête cet argent bien que le gars ne me dise rien de bon. Il appartient à cette catégorie sociale indéfinissable mais pléthorique qu'on peut situer entre le glandeur professionnel et l'intermittent du milieu.

Les semaines passent, les mois, une année entière et je ne vois toujours pas revenir mon fric. Lorsque je rencontre mon créancier, il me fait lanterner avec une salade quelconque. À l'entendre, le remboursement est pour bientôt, peut-être même avant. Je connais la musique...

Or, une nuit, dans une boîte, mon emprunteur fait son entrée et vient tout droit vers moi. Il plastronne, il est aux anges car il peut enfin s'acquitter de sa dette. En voilà une bonne nouvelle !

— Est-ce que tu as quelque chose contre les dollars ? me demande-t-il.

— Non, rien. Tout au contraire, ils sont verts, la couleur de l'espoir.

Le type me tend alors une enveloppe. Je l'ouvre ; elle renferme huit mille dollars. J'empoche. Je crois même que je remercie. En tout cas, j'offre à boire, généreusement, et quand l'addition tombe, je règle bien sûr en dollars. Mon gars s'éclipse. Je continue de bavarder avec quelques connaissances en finissant mon dernier scotch.

Dix minutes plus tard, une grappe de cow-boys fait irruption dans la boîte et avant même que j'aie eu le temps de réaliser ce qui m'arrive, je me retrouve le visage plaqué contre le mur. On me fait lever les mains bien haut, on me palpe de la tête aux pieds, on me passe les menottes. Avec juste assez de rudesse pour que je comprenne qu'il ne s'agit pas d'une plaisanterie, on m'entraîne dehors et on me pousse dans une voiture marquée d'un gros « Police » sur le capot.

La stupeur passée, je demande ce qui me vaut tant d'attention.

— Faux billets, monsieur Rocancourt. C'est grave, très grave. Vos dollars sont de la monnaie de singe. Le patron de la boîte s'en est tout de suite aperçu et il nous a alertés.

L'inspecteur qui vient de me répondre marque un temps de silence, puis, se tournant vers moi et prenant ce ton mi-obséquieux mi-narquois qui n'appartient qu'aux flics, il balance :

— Votre nom ne nous est pas inconnu, monsieur Rocancourt, vous devez vous en douter mais jusqu'à

cette nuit pour moi, vous n'étiez qu'un patronyme inscrit sur des formulaires. Vous savez, ces bouts de papier
sur lesquels nous enregistrons les plaintes... Maintenant, je peux mettre un visage sur ce nom. C'est toujours mieux quand on peut visualiser les gens, vous ne
pensez pas, monsieur Rocancourt ?

Je ne réponds pas et il n'entendra pratiquement
jamais le son de ma voix tout au long de ma garde à
vue. Les plaintes dont il parle ne sont que des babioles,
des histoires de chèques impayés, un soupçon de traites
de cavalerie, rien d'autre que des mises en bouche de
débutant. Pour ces broutilles, je me suis fait tirer les
oreilles par dame Justice à trois ou quatre reprises mais
on m'a toujours laissé dehors.

Cette fois, avec cette embrouille couleur d'espoir, ces
dollars de pacotille, je ne nourris aucune illusion : ce
sera la prison.

Lorsque je franchis les portes de Fleury-Mérogis, je
ne peux m'empêcher d'avoir une pensée pour mon
père. Lui aussi est allé en taule. Il a été incarcéré à
plusieurs reprises pour coups et blessures volontaires,
bagarres, tapages, déprédations de bistrots, le tout avec
récidive, bien sûr. À cet instant, le vieil adage « Tel père
tel fils » me fait froid dans le dos. J'aime mon père
d'un amour filial fort et sincère, mais, bon sang, que
Dieu me préserve d'en baver autant que lui !

Sur les faux billets et les conditions dans lesquelles
ils sont arrivés entre mes mains, je ne dis rien aux

enquêteurs, ni au juge. J'applique la règle non écrite du grand-père gitan : face aux autorités, on la boucle.

Quand je ressortirai du ballon, je m'en tiendrai à cette attitude. Pas un mot à quiconque. Je ne chercherai même pas à mettre la main sur le salopard qui m'a berné avec ses talbins d'opérette. Il faut savoir traiter la médiocrité comme elle le mérite, par le mépris.

Pourtant, les premières semaines de ma détention, je suis mal. Très mal. D'abord, je me sens humilié. Lorsque le flic a sorti les billets verts du sac plastique pour me les fourrer sous le nez en qualité de pièces à conviction, j'ai bien failli hurler de dépit. Ces billets sont des faux grossiers. Pour un peu, les coupures du jeu de Monopoly auraient fait l'affaire. Dans la pénombre de la boîte de nuit, je n'y ai vu que du feu. Mais surtout, ma condamnation, mon incarcération sont une injustice puisque je n'ai rien à voir de près ou de loin avec ce délit de contrefaçon. Je me retrouve en cabane pour cause d'innocence, en quelque sorte, et j'ai beaucoup de peine à le digérer.

Cependant je prends sur moi, je me calme. La lecture m'aide beaucoup. Les livres ont toujours été mes meilleurs compagnons d'infortune. Je me plonge dans Nietzsche (Nietzsche évidemment ! Lui surtout !), Balzac, Flaubert, Montaigne, Dumas. Ah ! Dumas ! Lire *Le Comte de Monte-Cristo*, partager les affres du prisonnier Edmond Dantès au château d'If alors qu'on est soi-même en prison ! Victime d'une injustice, comme lui, qui plus est. Quelle revanche ! Si la lecture n'abolit pas les barreaux, elle les fait oublier, ce qui est déjà beaucoup.

À Fleury-Mérogis, je fais connaissance de quelques voyous, des grands, des petits, mais en tout cas des types qui savent se tenir. Les autres, ceux qui s'abandonnent, je les évite d'instinct. Au fond, la faune de la prison est toujours la même, que ce soit à Fleury-Mérogis ou à Allenwood, Pennsylvanie. Il y a ceux qui restent debout et ceux qui se vautrent. En clair, je commence alors mon étude psychologique des comportements humains en milieu clos.

Plus tard, un ami me dira :

— Quand tu t'es retrouvé en taule pour cette affaire de faux dollars, tu ne t'es pas dit que le moment était venu d'en finir avec les conneries, d'utiliser autrement tes talents ?

Comme si l'on se posait ce genre de question quand on a déjà franchi la marge ! Non, je ne songe pas à me « recycler » ! À l'ombre des miradors de Fleury-Mérogis, je ne cesse de me répéter au contraire : « Tu es là parce que tu n'es pas encore assez bon. Il faut que tu progresses. Profite donc de cette parenthèse entre quatre murs pour réfléchir et te perfectionner. »

« Me perfectionner » ! Qu'on ne se méprenne pas sur ce que j'entends par là. Je ne me promets pas seulement d'être à l'avenir plus prudent, plus astucieux, plus malin, plus performant, plus circonspect. Non, il s'agit aussi de tout autre chose. Je crois pouvoir affirmer que je ne suis pas un être cynique, sans cœur, sans conscience, et c'est également par rapport à ces notions que j'entends me « perfectionner ».

Qui côtoie-t-on en prison ? Des trafiquants de drogue, des violeurs d'enfants, des assassins de vieilles dames, des petits malfrats qui dépouillent de plus pauvres qu'eux. Dans mon esprit, « me perfectionner », c'est d'abord ne jamais tomber si bas.

Lors de cette première incarcération, devant le sinistre casting que j'ai sous les yeux en permanence, je me fais le serment de ne jamais me retrouver acteur ou même figurant dans un de ces mauvais films. Je ne veux pas avoir de sang sur les mains, ni m'en prendre à plus faible que moi, ni tremper dans le trafic de drogue, le proxénétisme, le racket. Respecter les êtres, respecter l'humain... Et m'offrir chaque fois que je peux un joli pied de nez au fric ou un bras d'honneur aux vaniteux et richards sans scrupules.

Cette règle « morale » que j'observais depuis toujours sans me poser de questions, c'est en prison, à Fleury-Mérogis, que je me la fixe une fois pour toutes. Et je pense pouvoir affirmer que je m'y suis scrupuleusement conformé par la suite.

À ma sortie de taule, ma relation avec Isabelle devient plus compliquée, ça va de soi. Ses parents ne veulent plus entendre parler de moi et les portes du bel appartement me sont fermées... Enfin presque, car, malgré l'interdit, je les franchis encore une fois ou deux.

Isabelle est merveilleuse. Elle ne me tourne pas le dos, mais rien n'est plus comme avant, et peu à peu nous nous voyons en pointillé. Le plus extraordinaire est qu'elle n'a toujours pas renoncé à me transformer, à me sauver de mes vilains démons. Formidable Isabelle ! Je lui dois tant...

Après ma parenthèse derrière les barreaux, je me mets à fréquenter une autre jolie jeune femme. Appelons-la Annabelle. Ses parents sont eux aussi fortunés même si, sur ce terrain, ils sont loin d'égaler ceux d'Isabelle.

Chez ces nouveaux riches, c'est la mère – baptisons-la Henriette – qui semble porter la culotte et décider de tout. En ce qui concerne sa fille unique, Annabelle donc, ses intentions à mon égard ne tardent pas à se manifester. Elle envisage le mariage, ni plus ni moins. Moi, je laisse dire... Après tout, ma vocation n'est-elle pas de faire rêver ? Dans mon cas, il me semble que briser un rêve relèverait de la faute professionnelle. Henriette voit sa fille à mon bras avec des marmots autour ? Grand bien lui fasse !

Cependant, j'ai toujours en tête un certain immeuble du XVIe arrondissement ainsi que le coup de Monopoly qu'il m'a inspiré à mon retour de week-end en Porsche. Or, tout se passe comme si Henriette me tendait la perche. Elle me croit versé dans les affaires, bardé de diplômes, bourré de compétences diverses. Souvent, elle fait allusion devant moi à des fonds qu'elle aimerait bien placer et je comprends vite qu'elle souhaite que l'opération reste discrète. De là à en conclure qu'il s'agit de sommes inconnues des services fiscaux, il n'y a qu'un pas que je franchis allègrement. Il est vrai que dans le secteur d'activité des parents d'Annabelle la plupart des achats représentent des petites sommes, quelques centaines, voire quelques milliers de francs mais rarement au-delà. Et ces ventes s'effectuent souvent en espèces. Mais, les petits ruisseaux faisant les grandes rivières, on peut parler de fleuve pour l'épargne occulte d'Henriette.

Comment résister ?

Henriette a un défaut qui fait mon bonheur. Elle est cupide. L'argent la fascine. Elle en veut toujours plus. Parfois, je m'arrange pour qu'elle surprenne une prétendue conversation téléphonique que j'aurais avec un banquier ou un businessman et je me délecte de l'éclat de ses yeux lorsque je raccroche. De plus en plus souvent, quand elle me regarde, j'ai l'impression qu'elle me jauge, qu'elle me soupèse comme un maquignon à la foire aux bestiaux. Je ne pense pas que le bonheur de sa fille ait une grande importance à ses yeux. L'essentiel est manifestement de lui faire épouser le pactole... et de pressurer l'heureux élu au maximum si le mariage vient à tourner au vinaigre. Les mères calculatrices ne sont pas rares. Hélas pour elles, le plus souvent on les voit venir de loin avec leurs gros sabots.

Au fond, Henriette et moi sommes faits pour nous entendre : elle me convoite, et à travers moi les millions que je suis censé posséder, et moi je convoite son bas de laine. D'une certaine manière, elle et moi nous jouons au poker. Elle vient à la table de jeu avec sa mise – la très jolie Annabelle –, et moi je suis supposé m'y asseoir, fort du magot d'un grand bourgeois.

Le poker ! Voilà l'angle d'attaque que je choisis bientôt pour lancer ma partie de Monopoly. Henriette possède un très bel appartement dans le XVIᵉ, où elle vit, mais je sens bien que si elle pouvait se rendre propriétaire de l'arrondissement tout entier, elle serait la plus heureuse des femmes.

Le moment venu, je m'arrange pour me trouver seul avec elle et je ne lui cache pas longtemps ce qui, selon mon scénario, me préoccupe depuis quelques jours. Je lui raconte que j'ai perdu gros au poker, et que si je ne paie pas ma dette dans les quarante-huit heures, il y va de ma vie.

– Oh, mon pauvre Christophe. Mais c'est affreux ! Combien vous faudrait-il ?

– Trois cent mille francs. En espèces, bien sûr...

– C'est une somme. Vous comprenez, sans certaines garanties ce n'est pas très envisageable. Mais si je peux vous aider, vous savez que je le ferai.

Je lui fournis toutes les assurances qu'elle souhaite. Je lui signe une reconnaissance de dette en lui faisant bien comprendre qu'elle n'a rien à craindre puisque je possède, en héritage, au moins un immeuble dans le quartier. Henriette ne m'en demande pas davantage.

Au fond, elle pense qu'elle a réussi à me ferrer comme un bon gros poisson pas bien malin. Pour elle, je viens de mettre le doigt dans un engrenage diabolique.

Je le lui laisse croire. Aussi, quelque temps plus tard, je reviens à la charge. Je suis retourné à la table de jeu. Je n'ai pas compris la leçon, et cette fois, c'est un million de francs qu'il me faut. Toujours en espèces, cela va de soi. Je joue le type aux abois et je sors mon va-tout : un titre de propriété à mon nom sur un immeuble de l'arrondissement... qui, comme on l'aura deviné, appartient en fait aux parents d'Isabelle. C'est grâce à cette dernière que je suis en possession de ce document. Un jour, elle me l'a mis entre les mains pour que je voie comment cela se présentait. Elle souhaitait ainsi compléter ma formation car elle voulait me voir devenir un homme d'affaires compétent dans le foncier et l'immobilier. Une fois le parchemin en main, j'en ai fait une ou deux photocopies, j'ai apporté quelques modifications sur l'identité du propriétaire et cela a suffi pour donner à mon chiffon de papier toute l'apparence de l'authenticité.

Henriette est tellement sûre de m'avoir en main qu'elle n'y voit goutte. Elle plonge. À l'insu de son mari, comme d'ailleurs la première fois, elle me remet le million en liquide en échange d'une reconnaissance de dette stipulant que si je ne l'ai pas remboursée de la totalité de ma créance, soit un million trois cent mille francs, dans les six mois, elle deviendra automatiquement propriétaire d'un des appartements de « mon » immeuble. Le plus beau, le plus spacieux, le mieux exposé, bien entendu.

Aujourd'hui encore, je reste convaincu que, à ce stade, Henriette est persuadée de m'avoir possédé. Elle pense sincèrement avoir réalisé le coup du siècle : se rendre propriétaire pour un million trois cent mille francs (dissimulés aux impôts) d'un appartement qui en vaut le triple ou le quadruple ! Elle jubile.

Quant à moi, Rocancourt, je ne suis pas triste non plus car me voici tout de même à la tête d'une jolie somme. Mon premier million empoché en une seule transaction, et je n'ai qu'un peu plus de vingt ans ! Dans l'euphorie, je me dis que cette affaire a été un jeu d'enfant, et que j'ai enfin trouvé ma voie : m'enrichir en artiste, grâce à des tours semblables de prestidigitation.

Mais comme tout magicien qui se respecte, il me faut du matériel pour bien réussir dans l'illusion. L'argent subtilisé à Henriette va me permettre de m'équiper. Costumes, chaussures, chemises, cravates, montres, j'en suis déjà bien pourvu mais j'en rajoute dans le luxe. Et pour compléter la panoplie, je me dois de rouler en carrosse. Mon choix est vite arrêté : ce sera une Rolls sinon rien. Je l'achète comptant. Je n'ai toujours pas de permis de conduire, mais qu'importe.

Les premiers tours de roue m'enchantent. Le concessionnaire a apposé une immatriculation provisoire dans l'attente du numéro définitif, et c'est ce détail, cette plaque mal agencée qui attire l'attention des policiers, à hauteur du Café de la Paix, à l'endroit précis où, quelques années plus tôt, alors en rupture de ban, je me suis fait interpeller par un flic pour non respect de feu rouge piétons.

La Rolls-Royce intrigue ces messieurs, surtout en raison de mon jeune âge. Ils me demandent de manière à peine détournée comment je peux me permettre une telle folie. Désinvolte, je réponds que mes parents possèdent des boutiques dans les beaux quartiers... Quant au permis de conduire que je suis évidemment incapable de produire, ma foi, je l'ai oublié quelque part, je ne sais où. Par téléphone, ils vérifient si la voiture m'appartient bien, mais comme tout est en ordre, ils me laissent partir. Dans le rétroviseur, je saisis leur regard d'envie quand je lance le moulin mélodieux de la Rolls. À cet instant précis, je me dis que la vie est belle.

Dans la foulée, si je puis dire, je m'offre un compte bancaire en harmonie avec mon apparence. Je me rends place Vendôme, je gare la Rolls à la hussarde devant une grande banque étrangère, un des ces établissements dont le plus modeste client ne pèse pas moins de cinq ou six millions de dollars, et là, sapé comme un prince, je parviens à embobiner le directeur pour qu'il m'ouvre un compte bien que je ne dépose que la modique somme de deux cent cinquante mille francs. Il renâcle un peu, mais je lui explique avec un tel brio que dans les jours qui suivent un premier demi-million de dollars va tomber sur ledit compte, suivi de beaucoup d'autres, qu'il se laisse convaincre, et me voici bientôt titulaire d'un chéquier et d'une carte de crédit émis par une banque dont le nom, à lui seul, vaut tous les sésames.

Quelques jours plus tard, j'appelle mon cher directeur pour lui annoncer – mauvaise nouvelle – que l'arrivée des fonds est repoussée de deux ou trois semaines, mais que – bonne nouvelle – le montant sera bien supérieur à celui que j'avais indiqué. J'en profite pour l'avertir que, néanmoins, dans l'intervalle, j'aurai quelques dépenses à faire. Il me donne son accord.

Très vite, ces quelques dépenses vont atteindre les huit cent mille francs, et, bien sûr, aucun versement ne viendra combler le trou.

Le plus extravagant dans cette affaire est que la banque ne portera jamais plainte contre moi. Sans doute ses dirigeants ont-ils considéré que la mauvaise publicité engendrée par une telle procédure serait pire que la perte, minime pour eux, d'à peine un million de francs...

Sur ce coup-là, je m'en sors donc plutôt bien. Pourtant, sous mes pieds le sol commence à tanguer. Je suis dans le collimateur des flics, notamment de la brigade financière. Mes chèques impayés, mon train de vie flamboyant ne peuvent manquer d'attirer l'attention sur moi. Ces messieurs m'ont à l'œil et guettent le faux pas.

Le délai de six mois prévu pour le remboursement du prêt consenti par Henriette arrive à échéance et, bien sûr, lorsqu'elle se décide enfin à produire la reconnaissance de dette pour entrer en possession du fameux appartement qui ne m'a jamais appartenu, le ciel lui tombe sur la tête.

Ambiance au foyer ! Elle voulait étonner son mari en lui révélant qu'elle avait réussi le coup magnifique de s'approprier un bien immobilier de grand standing pour une bouchée de pain, et voilà qu'elle doit avouer s'être fait plumer de plus d'un bâton !

J'apprends cela par Annabelle, mais je ne m'affole pas vraiment. Je continue de penser que, compte tenu du fait que les fonds prêtés n'ont probablement jamais été déclarés au fisc, le charmant couple va opter pour le ressentiment sans tapage. D'ailleurs, je ne suis pas loin de la vérité, mais le coup de poignard va venir de l'autre partie, les vrais propriétaires de l'appartement, les parents d'Isabelle. Eux n'ont aucune raison de la jouer profil bas et ils n'apprécient pas du tout la falsification de leur titre de propriété. Pour eux, la chasse est ouverte et bientôt va sonner l'hallali. Faux et usage de faux en écritures privées. On me tombe dessus. Retour à la case prison. À la Santé, cette fois.

La contrariété passée, je me dis de nouveau que je me retrouve là parce que je ne suis pas encore à la hauteur.

— C'est tout ce que tu en as tiré comme leçon ? s'étonne l'ami à qui je raconte mon histoire. Pas de regrets, pas de remords ? En fait, tu étais complètement amoral.

J'ai un peu envie de lui filer mon poing dans la gueule mais je l'aime bien. J'aurais plumé des petits commerçants, je m'en voudrais. Mais j'ai juste berné des bourgeois à bas de laine, et surtout je me suis tellement amusé ! Je suis un joueur et, longtemps, la vie m'apparaîtra comme un jeu. C'est sans doute amoral, mais c'est ainsi.

Pour l'heure donc, à la Santé, je fais mon autocritique d'arnaqueur. Je laisse trop de place à l'improvisation. Je me fie trop volontiers à ma bonne étoile. Dans cet univers sans ciel et sans astres nocturnes qu'est la taule, je me remets en question et je travaille. J'analyse mes failles, je me fais mon petit débriefing perso, sans concession.

Un jour, alors que je me trouve dans la cour pour la promenade, un type m'aborde, me sortant de mes méditations. Je ne l'ai encore jamais vu. C'est donc un nouveau venu, car en prison, les visages on les photographie d'instinct. On est toujours à l'affût, on cherche à évaluer le degré de dangerosité, de fourberie, de lâcheté des uns et des autres.

— Je t'ai croisé quelquefois au Costes ou au Palace, me dit l'inconnu. À l'époque, tu étais souvent avec Pacadis, tu te souviens ?

Comment pourrais-je avoir oublié Alain ? Pacadis, la plume de *Libé* pour la vie parisienne, l'homme qui pouvait se permettre des pompes ravagées sous les ors des palais, l'ami qui m'emmenait sans façon à la rédaction de son journal, me servant un verre tandis qu'il finissait un papier avant d'être trop soûl ! Il picolait pas mal,

Pacadis. Mais malgré cela, il parvenait à se ménager des plages de génie, des fulgurances qui médusaient les plus exigeants. Une outre, certes, mais avec un cœur plus gros qu'une barrique et, en prime, une plume d'une qualité inouïe... Oui, comment pourrais-je avoir oublié Alain ? Même si, la vie étant ce qu'elle est, nous nous sommes un peu perdus de vue.

— Est-ce que tu as de ses nouvelles ? demandé-je au nouveau taulard. Moi, ces derniers temps, je suis complètement déconnecté du monde extérieur. Je ne sais plus rien.

Le gars baisse le nez, embarrassé. D'une voix morne, il soupire :

— Des nouvelles, oui, si l'on peut dire... Alain est mort.

— Quoi ! Qu'est-ce que tu dis ? Mort, Pacadis ?

— Oui.

— Mais comment ? Comment ?

Le type hésite un instant, puis se lance.

— Je ne sais pas vraiment mais il paraît que... Il n'en pouvait plus. Il était au bout du rouleau. Un soir, il aurait demandé à quelqu'un de l'aider. Un ami... Il voulait en finir. Il aurait été étouffé avec un oreiller. Je crois pourtant qu'on a conclu à une mort naturelle.

Le gars est dans l'impossibilité de dire un mot de plus. D'ailleurs, je suis incapable d'en supporter davantage. Ce que je viens d'entendre surpasse en horreur tout ce que je peux imaginer. Je tourne les talons, je suis effondré.

Il faut que Pacadis ait touché le fond du désespoir pour en arriver là, mais je ne parviens pas à accepter qu'un être aussi exceptionnel que lui ait pu finir ainsi. Et comment pourrais-je admettre qu'un homme puisse en tuer un autre tout simplement parce que ce dernier, embringué dans un coup de blues terrible, lui demande de le faire ? Pourquoi n'ai-je pas été, moi, près d'Alain, cette nuit-là ? Je m'en veux. Oui, encore aujourd'hui je m'en veux ! Moi, je n'aurais pas accédé à sa prière de mort. Je ne sais pas ce que j'aurais fait, mais hâter sa fin, non, jamais ! Pour qu'il vive encore, Pacadis le magnifique, je serais même allé jusqu'à appeler les flics au secours ! Ils l'auraient emmené dans un hosto où on lui aurait administré les piqûres ad hoc et peut-être bien qu'après deux ou trois jours il n'aurait plus pensé à mourir. Est-ce que je sais, moi ?

Le soir, dans ma cellule, j'étouffe mes sanglots.

Je passe quelques mois à la prison de la Santé, puis on me laisse sortir sous le régime de la liberté conditionnelle. Dès lors, je ne suis plus enfermé entre des murs, certes, mais je suis à peu près aussi libre de mes mouvements qu'un toutou au bout de sa chaîne. On me tient en permanence sous haute surveillance. Le moindre de mes faits et gestes est connu des services de police.

En outre, suivant l'adage qui veut qu'on ne prête qu'aux riches, tout le monde cherche à me charger un maximum. Il n'y a pas une affaire louche, une embrouille sur la place de Paris sans qu'on n'essaie d'y mêler mon nom. Pis encore, on n'hésite pas à me prétendre impliqué jusqu'aux sourcils dans une sale histoire survenue en Suisse, à Genève. Le casse d'une grande bijouterie avec prise d'otages.

J'apprends cette histoire à Paris un soir alors que je reviens de... Genève, précisément. Mais je n'ai rien à voir avec ce business-là ! Ce qui m'amène à Genève de temps en temps est bien loin des casses de bijouterie. Je me contente de suivre le cours du fleuve Pactole depuis la France, un fleuve dont les bateaux sont des enveloppes ou des mallettes de billets que de très respectables citoyens hexagonaux souhaitent voir voguer jusqu'aux paisibles mouillages des banques helvétiques. Ai-je besoin d'en dire plus ? On aura compris que, dans ce contexte, aller jouer les cow-boys dans une bijouterie me semble représenter l'étalon-or de la connerie !

En fait, à ce moment-là, je suis bien loin de me dire que ma vie est chouette. Elle me pèse. Trop de choses m'oppressent. Je manque d'air et d'espace. Tout m'étouffe. Je me sens traqué, pris au piège.

Je crois que j'ai sombré dans cet état de profond dégoût au cours de ma nuit d'insomnie et de pleurs, à la Santé, juste après avoir appris la mort de Pacadis. Mort révoltante, minable. Il devait avoir fait le tour de Paris, de ses faux-semblants et de ses mirages. Alors respirer lui est devenu de plus en plus difficile... Jusqu'au dernier souffle, sous un oreiller.

Il me semble qu'au-delà de son suicide par procuration, il m'a légué son désespoir.

Je ne vais pas tenir bien longtemps. Un matin, alors que je sors dans la rue, je regarde à droite, à gauche et, à la seconde même, le sentiment d'oppression devient intolérable. Rien ne va plus. Certes, je roule en Porsche 928 – une bonne affaire, tout à fait officielle et légale celle-ci – mais le business ne va pas fort. Un peu comme si je n'avais plus la main ou plutôt comme si la chance, me sentant fragilisé, me délaissait.

Et je prends ma décision. À l'instinct, comme d'habitude.

J'entre dans une cabine téléphonique. Je contacte un copain, je lui demande de m'emmener en Belgique. Il conduira la Porsche puisque je n'ai toujours pas de permis de conduire. Si je me fais pincer, cette fois, pas question de m'en sortir en prétendant l'avoir oublié chez papa maman. Les flics découvriront aussitôt que je suis en liberté conditionnelle, que je me trouve là où je ne devrais pas et, qui plus est, que j'ai omis de pointer au commissariat le matin comme la loi m'y oblige.

Je n'emporte rien. Sauf un paquet de billets dans mes poches.

Nous prenons la route. Je change d'avis : nous n'allons plus en Belgique mais en Allemagne. En chemin, je me fais arrêter à une cabine téléphonique. J'appelle Annabelle qui, malgré les péripéties judiciaires, continue de me voir et de m'accabler de son affection débordante. Elle aussi, comme Isabelle, s'est juré de me sauver malgré moi !

— J'ai une bonne nouvelle pour toi, lui dis-je. Je m'en vais... Oui, pour toujours. C'est mieux comme ça, crois-moi. Adieu. Sois heureuse ! Tu le mérites.

Je ne lui demande pas d'embrasser sa mère pour moi, mais le cœur y est.

Sur le parking de l'aéroport de Bonn, j'offre la Porsche à mon copain. Il n'en revient pas. Il comprend encore moins le pourquoi de mon geste.

— Mais tu n'as pas de bagages, tu n'as presque rien sur toi. Non, garde la bagnole encore un peu, au cas où tu changerais d'avis.

C'est justement parce que je ne veux pas être tenté de tergiverser que je la lui donne, la Porsche. Lorsque je lui mets les clefs de force dans la main, je brûle mes vaisseaux. Symboliquement, je m'interdis tout retour en arrière.

Mon copain parti au volant de mon bolide, je reste seul. Dans le hall, je regarde le tableau des vols en partance. J'ai tellement rêvé de l'Amérique dans mon enfance et mon adolescence que je n'hésite pas. Il me faut toutefois choisir une ville.

Je prends un billet, un aller simple bien sûr. Au moment où je mets les pieds dans l'avion, une évidence s'impose à moi : je pars à la conquête du Nouveau Monde avec, en tout et pour tout, quatre mille marks en poche. Soit environ quinze mille francs de l'époque.

J'aurais pu économiser quelques billets si j'avais choisi comme point de chute New York au lieu de Los Angeles, beaucoup plus lointaine donc plus onéreuse. Pourquoi avoir jeté mon dévolu sur cette métropole plutôt que sur une autre ? La raison est toute simple, sinon rationnelle : ce nom-là, Los Angeles, sonne bien à mes oreilles.

À défaut de Dieu, qui semble m'avoir un peu lâché ces temps-ci, je m'en remets à ses anges.

– 9 –

LES ANGES, LA BIBLE, UNE MADONE ET QUELQUES DÉMONS

Pour survivre à Los Angeles, il faut prendre de la hauteur, au sens propre comme au figuré. En bas, dans *downtown* par exemple, l'air et les dollars circulent beaucoup moins bien que sur les hauteurs des quartiers ouest, en direction de l'océan Pacifique. Los Angeles n'est pas une ville comme on l'entend d'habitude. Disons que cela ressemble à un patchwork déstructuré, une juxtaposition d'immenses zones bâties, parfois somptueuses, parfois repoussantes de laideur et gangrenées par la misère. Dans le bassin, le long d'interminables rues mal entretenues aux trottoirs défoncés, des baraques ont poussé de façon plus ou moins anarchique sous d'énormes panneaux publicitaires bariolés. Les boulevards les plus connus, Hollywood Boulevard ou Sunset Boulevard, font plusieurs dizaines de kilomètres de longueur, et ne sont pas chics sur tout leur parcours. Tout est démesurément étiré, distendu. Je suis sûr que certains habitants de l'est de la ville ne connaissent l'ouest que par les feuilletons télé que diffusent en boucle des dizaines de chaînes nationales ou locales. Quant à ceux de l'ouest, les nantis, il se peut qu'ils ne sachent même plus qu'il existe un *Eastside*. Los Angeles est née de l'entassement de populations successives qui se sont agglutinées les unes contre les autres dans le désordre. L'agglomération compte plus de dix millions d'habitants lorsque j'y débarque. Il y a de tout, des Noirs, des Chicanos, des Asiatiques, des émigrés d'Europe de l'Est et aussi... des Américains. Los Angeles n'est ni un port, ni un grand centre industriel ni un carrefour d'échanges commerciaux, si bien qu'on peut se demander comment elle a pu naître et prospérer. On dirait qu'un caprice d'ange ou de démon l'a posée là un beau jour, au milieu de presque rien, pour y amasser toute cette faune dans le seul but de voir comment ces gens disparates allaient se débrouiller entre eux.

Toutefois, lorsqu'on prend le temps de s'imprégner de la spécificité de L.A., on est vite pénétré d'une réalité qui, au fond, crée l'étrange unité de ce monde à part. Ce que ces gens ont en commun tient en une formule : la folie du dollar. De jour comme de nuit, la vie ici donne l'impression que le seul moteur de toute l'activité humaine se résume à cela : faire de la thune, en faire un maximum et dans le minimum de temps. Dans mon cas, cela tombe plutôt bien, puisque je ne suis pas insensible à ce genre de programme, même si, contrairement à ce qu'on a pu écrire sur moi, ce n'est pas l'alpha et l'oméga de ma vie. Bien plus que l'argent, c'est le jeu qui m'intéresse.

Ici, à L.A., les choses sont assez simples, finalement. Ceux à qui le rêve a souri vivent en hauteur, sur les collines, dans un air presque sain. Les autres croupissent en bas, dans l'atmosphère viciée de ce paradis ensoleillé à l'année où l'homme est parvenu à réaliser le miracle nul d'y faire régner un brouillard de pollution si persistant que même à Londres on ne saurait en imaginer un semblable.

En bas, non seulement la récolte du billet vert se révèle hasardeuse, mais elle se fait au milieu des mille dangers d'une jungle terrible. En haut, c'est la jungle aussi, mais dorée, feutrée, peuplée de filles splendides et de types joyeusement névrosés. Tout se paie, tout est à vendre en permanence. En haut comme en bas d'ailleurs – car voilà un autre point commun entre les deux mondes de la cité des Anges –, la morale n'est qu'un mot pour faire joli dans les prêches du dimanche.

Bien entendu, j'ignore tout de cette réalité lorsque je décide de m'envoler pour la mégalopole californienne, mais je sens que cette ville est faite pour moi, même si je m'y lance sans fortune, sans aucune relation sur place, sans connaître la langue. Au fond, je dois admettre que ce n'est pas seulement parce que le nom me plaisait que j'ai choisi cette destination, à l'aéroport de Bonn. Quelque part dans ma tête ma petite voix me susurrait : « Ose L.A., Christophe ! Ose en technicolor. L.A., Hollywood, la Mecque du cinéma. Ton nom y a sa chance ! »

Je suis un tout petit poisson qui se hasarde à sauter de son bocal parisien dans le Pacifique au milieu des grands prédateurs avec la certitude de finir par y faire sa place. Il est vrai que, les derniers temps, je me cognais un peu trop souvent contre les parois du bocal, à Paris. Je commençais à ne plus pouvoir remuer ne serait-ce qu'une nageoire...

Bien plus que la folie du dollar, c'est celle du défi qui m'anime. Los Angeles est immense, puissante, violente. Je ne suis ni grand ni fort ni haineux, et je prétends dompter – ou séduire – ce monstre-là. Oui, ma folie est là.

Lorsque je pose les pieds sur le sol californien, je mesure dès l'aéroport combien l'obstacle de la langue est réel. L'agent des services de l'immigration me demande la raison de mon séjour et j'ai un peu de mal à comprendre ce qu'il me veut. Toutefois, je parviens à lui faire entendre que je suis en vacances. Cela lui convient. Il me laisse passer.

Je prends un taxi. Le chauffeur est chilien, je crois, et, dans un mélange d'espagnol de cuisine, de français adapté et de gestes dans le rétroviseur, je réussis à lui communiquer l'essentiel : je cherche un petit hôtel pas cher.

Il me dépose devant un motel d'Hollywood Boulevard, ce genre de truc qui n'a du charme qu'au cinéma et qui, dans le réel, inciterait plutôt à se débiner en quatrième vitesse. Je suis tellement crevé que je ne m'arrête pas à cela. Je prends un plateau au self, je me couche et je dors comme un bébé.

Au réveil, je réalise mieux ce que ma folie m'a inspiré. Je suis à L.A. seul, presque sans fric, sans aucun contact non seulement dans cette ville mais sur tout le continent américain et je ne comprends pratiquement rien de ce que j'entends ou lis. J'ai du mal à l'admettre, mais je n'en mène pas large. Combien de temps vais-je pouvoir tenir avec mes quinze mille francs et ma méconnaissance totale de l'anglo-américain ?

De toute façon, je n'ai pas le choix. Je ne peux plus faire machine arrière. Il faut que ça passe ou que ça casse. Je me confie à Dieu. Lui n'a pas ma folie. Il sait me murmurer les mots vrais : « Ça ira, Christophe. Fonce et ça ira », m'insuffle-t-il. Alors je reprends confiance.

Au fond, à y regarder de près, j'ai quand même quelques atouts. En bon Normand, probable descendant des Vikings, je suis clair de teint et de cheveux comme le sont les Ricains de souche irlandaise. C'est toujours mieux que si j'étais black de chez black, ou chinetoque, ou basané à la mexicaine.

Fort de ce constat, je vais m'appliquer à me fondre au maximum dans le moule US. Je jette le costume et la chemise que je porte depuis mon départ et je casse un billet pour me payer un jean délavé, un tee-shirt blanc et des baskets blanches. La glace de ma pauvre chambre me renvoie l'image d'un yankee plus vrai que nature, un jeune type de la middle class qui pourrait

être étudiant ou sportif, enfin quelque chose d'appro-
chant... Reste cette putain de langue !

Les premiers jours, je ne m'éloigne guère du motel.
Je vois se profiler le syndrome de Saint-Lazare, lorsque
je ne parvenais pas à couper le cordon avec la gare.
Pourtant, je sais parfaitement que si je ne me fais pas
violence, je suis foutu.

Bientôt, je me découvre un autre atout. Quand le
patron du motel ou le gros cuistot du self me parlent,
je suis bien incapable de traduire mot à mot ce qu'ils
me disent, pourtant je commence à comprendre le sens
de leurs propos. Cela se passe comme lorsque le grand-
père gitan me parlait romani ou quand Gilles s'exprimait dans le langage châtié qui m'était inconnu. Et puis
Dieu m'envoie un signe fort : la Bible. Dans tous les
établissements hôteliers des États-Unis d'Amérique, le
tiroir de la table de nuit renferme une Bible. Pendant
un temps, ce sera ma seule lecture. Mais n'est-ce pas
la plus belle, la plus importante ? Bientôt, chez un bou-
quiniste dans *downtown*, je trouve une édition française
du premier tome de l'Ancien Testament en édition de
poche ainsi qu'un mini dictionnaire « français / anglais
US », un de ces fast-foods du vocabulaire usuel comme
on en publie aux States pour toutes les langues du
globe, ou presque.

Les jours suivants, je passe des heures dans la cham-
brette du motel à déchiffrer la Bible en comparant les
deux textes, le français et l'anglais, et je m'astreins à
photographier mentalement des pages entières du mini
dico. Je progresse assez vite. Aux States, tu t'aperçois

que tu te débrouilles mieux lorsque tu demandes moins d'oignons sur ton hamburger et qu'on ne t'en remet pas deux louches de plus.

Quand je ne bûche pas mon anglais, je m'entretiens physiquement et je m'efforce de découvrir chaque jour de nouveaux endroits de la ville. Je la hume. Tel un pêcheur qui arrive au bord d'un lac inconnu, je flaire les bons endroits pour tendre mes filets. Surtout, je prends le temps de discuter avec le taulier du motel, un vieil Américain un peu fripé dont je crois comprendre qu'il a derrière lui un passé de petit maquereau. Il m'aime bien parce que je l'écoute, et aussi parce qu'il me voit faire mon footing autour du pâté de maisons et sauter à la corde, puis boxer dans le vide derrière le motel. Il me croit donc boxeur, je ne le démens pas.

Mon petit pécule s'épuise pourtant de jour en jour et je vois venir le moment où, comme à mon arrivée à Paris, je vais devoir aller dormir sur les bancs. Mais, ça, je n'en veux plus ! Jamais ! Il n'est pas question que je connaisse de nouveau cette déchéance et la peur permanente qui l'accompagne.

Un soir, je discute plus longtemps que d'habitude avec le tenancier du motel. J'ai besoin de me le mettre à la bonne car j'ai une mauvaise nouvelle à lui apprendre : je ne peux plus le payer. Je tarde néanmoins à le lui annoncer car ma petite voix me souffle que rien ne presse. Alors, je continue de l'écouter. Il boit un peu trop de bourbon et il commence à s'épancher. Il en a lourd sur la patate. Dix-huit mois plus tôt, il a prêté quelques milliers de dollars – cinq ou six, je ne me souviens plus très bien – à un type qu'il croyait connaître et il s'est fait arnaquer de première.

– *Who's that guy ?* demandé-je. Qui est ce mec ?

Il me donne son nom, les endroits qu'il fréquente. Ce qui le mine, l'ex-mac fripé, c'est de ne plus avoir la moelle d'aller trouver ce type et de lui faire cracher le fric... Alors, face à sa détresse, je me mets à lui parler comme si Dieu lui-même s'exprimait par ma bouche. Je lui dis en lui montrant mes poings :

– Ça ira... Ça ira ! Pas de souci. Le fric, je vais aller vous le récupérer. Seulement, je prends ma part au passage. OK ?

Non seulement il est OK mais il m'embrasserait sur la bouche si je le lui demandais. Il est si heureux qu'il m'annonce ce que je n'osais espérer en entamant la conversation : que je réussisse à faire cracher le malfaisant ou pas, je peux rester dormir chez lui et manger au self à l'œil jusqu'à ce que j'aie trouvé mieux ! Et, sans que j'aie besoin de desserrer les dents pour parler de frais à engager dans le but d'impressionner le sale type, du style location de bagnole genre Mafia et indemnisation de faux gardes du corps, mon aubergiste me laisse seul un moment et revient avec une enveloppe contenant environ la moitié de la somme à récupérer, en paiement anticipé.

– Pour toi, me dit-il. Tu es le premier gars à me proposer de m'aider dans cette histoire pourrie. Même mes plus vieux potes m'ont laissé choir. Prends ça, gamin, je te le dois. Même si ça foire, je te le dois.

Et je comprends que, pour ce type qui se sait fini, le plus important n'est pas de récupérer son fric, mais de laver l'impression de lâcheté qu'il a de lui-même et de retrouver son honneur.

Quelque temps plus tard, je lui rapporte sa mise, avec mille dollars d'intérêt. Il n'en revient pas. Il me demande comment j'ai réussi un truc pareil. Je me contente de lui taper sur l'épaule et de lui offrir une tournée de bourbon, mais je ne lui raconte rien.

La vérité est que je ne suis jamais allé récupérer son dû dans *downtown*. Pas si con, Rocancourt ! Je me serais fait planter avant même d'avoir ouvert la bouche ! En fait, l'argent que je lui restitue représente une part – minime – du bénéfice de ma première belle affaire hollywoodienne. Ce n'est que justice, car sans les quelque deux mille cinq cents dollars de son enveloppe pour paiement anticipé, je n'aurais jamais pu réaliser aussi vite mon premier coup made in California.

Dès mon arrivée, j'ai commencé à me rapprocher des quartiers où fleurit l'argent. Toutefois, je me suis gardé de brûler les étapes, me cantonnant à la périphérie du monde super friqué. L'expérience m'a enseigné que viser trop haut trop vite est le plus sûr moyen de se faire descendre en flammes en moins de deux. Dans un premier temps, je m'en suis donc tenu, provisoirement, au demi-monde des gens qui ont de l'argent, plus ou moins légal, et qui, bien entendu, en veulent encore plus. Toujours le même scénario...

Seulement à mon arrivée à L.A., je n'avais pas le sou... la petite pincée de dollars que m'alloue un soir mon hôtelier en quête de recouvrement de prêt me permet de me mettre en chasse.

À plusieurs reprises, j'ai bavardé quelques instants avec un type d'origine asiatique et il ne m'a pas fallu un siècle pour flairer en lui l'affamé de pognon. Il en a, il en ramasse un bon paquet dans une espèce de chaîne de laveries où il exploite, raconte-t-on, un honnête contingent de clandestins venus d'Asie non déclarés, qu'il paie avec des clopinettes. Et je suppose que ce n'est pas là sa seule activité. On dit de mon « chinetoque » qu'il est à la tête d'au moins une soixantaine de pas-de-porte. De toute évidence, son fric est donc moins clean que les vêtements qui sortent de ses machines à laver.

Un soir, le moment venu, je le rejoins dans une boîte quelconque et je commence le grand jeu. Je suis prêt à investir tous mes dollars et à m'endetter d'autant pour engager ma partie de poker menteur. Je prétends avoir un événement à célébrer, mon anniversaire, n'importe quoi, et je lui raconte que je déteste boire seul. Il est manifestement ravi de l'invitation. Je commande un champagne à deux cents dollars le bouchon. Il ouvre de grands yeux. Nous trinquons, nous buvons, nous rions, nous parlons de tout et de rien, au bout d'une heure il est le meilleur pote que je pouvais espérer trouver en Californie. Et quand on a la chance de s'être fait enfin un ami, quoi de plus naturel que de vouloir son bonheur ? Je vois bien que la provenance assez soudaine de mon fric l'intrigue, surtout lorsque, le lendemain, j'y vais d'une autre bouteille à près de trois cents dollars. Alors, sous le sceau de la confidence, et uniquement parce qu'il est mon meilleur pote bien sûr, je lui livre mon secret : je place tout ce que j'ai auprès d'un golden boy new-yorkais, un petit génie de Wall Street qui réussit des prodiges. Bien entendu, ce magicien du Dow Jones agit en sous-marin et ne traite qu'avec quelques personnes sûres... dont moi, cela va sans dire.

Mon exploiteur d'émigrés clandestins, qui voudrait bien que son fric sale puisse devenir plus blanc que blanc en faisant des petits au passage, en salive littéralement. Il est subjugué au point qu'il ne me laissera jamais payer le champagne ce soir-là. De plus, il insiste pour apporter sa contribution au miracle boursier. Il propose cinq mille, puis dix mille dollars. Je prends un air condescendant et lui explique que mon trader de choc ne fait pas dans le pourboire, mais uniquement dans le sérieux.

— C'est combien, le sérieux ? s'excite le cupide.

— Pas moins de cinquante mille...

— Ah...

— Cinquante mille par versement, bien sûr, car à moins de trois cent mille d'apport global, il ne peut rien. Moi, j'ai quelque chose comme sept cent mille chez lui. Il faut être un peu patient, trois ou quatre mois, mais après c'est le jackpot. Avant l'échéance du douzième mois, j'aurai fait un million, sûr ! Au minimum.

Le type semble alléché, mais encore hésitant. Je n'insiste pas. Je me lève, remercie pour le champagne et, avec le détachement qui sied aux vrais as de la corbeille, je lui lâche en partant :

— Si ça t'intéresse, fais-le-moi savoir, mais ne tarde pas. Le type est en passe de refuser du monde. Il faut que ça reste confidentiel et limité, tu comprends. La prochaine fois, c'est ma tournée. Il est fameux ce champagne, non ? On dit mardi soir ?

Le mardi soir, le chinetoque est tout émoustillé. Sur le parking, dans sa voiture, il me confie un petit sac plastique portant le logo de ses laveries à la noix. À l'intérieur, les cinquante premiers mille dollars de sa participation à la fortune Rocancourt. Je parle de premier versement car il y en aura plusieurs autres. Juste de quoi me mettre bien à flot, m'ouvrir les portes de la jet set californienne et y tenir mon rang.

Je mets fin à la contribution de cet aimable garçon de mon propre chef en procédant comme je l'ai fait en France. Un jour, je lui fais passer un message : il faut que nous nous rencontrions d'urgence. Pas à l'endroit habituel, mais dans un parking à dix bornes de là...

Il arrive, vaguement inquiet. Moi j'ai l'air ostensiblement catastrophé. J'apprends à mon « ami » que ça chauffe terriblement à New York pour mon lascar de la Bourse. Je lui raconte que les services financiers lui

LES ANGES... ET QUELQUES DÉMONS

sont tombés dessus et, pire encore, que le type a le FBI sur le poil car on suspecte du blanchiment d'argent chez ses commanditaires. Les flics sont excités comme des puces et fouillent partout de fond en comble. Avec l'air tourmenté qui convient, je lui confie que ça sent le pénitencier à plein nez pour toute une ribambelle de malchanceux, dont nous pourrions bien être, lui et moi.

L'esclavagiste du linge sale ne moufte pas. Il évite d'un cheveu l'infarctus et détale du parking comme les lapins de mon enfance quand mon grand-père gitan lançait son furet dans le terrier. Je ne l'ai jamais revu et j'ai même entendu dire par la suite qu'il avait bradé sa chaîne de laveries pour filer se mettre à l'abri très loin, du côté de son Asie d'origine.

Comme je l'ai dit, dès que j'ai eu de l'argent, je me suis empressé d'aller restituer à mon brave homme de taulier le fric qu'il s'était fait piquer. L'ancien mac « déshonoré » m'a regardé comme le Messie. Je peux dire que j'ai fait de ce Yankee bon teint un grand ami de la France. Malheureusement, ce brave homme est mort quelques mois plus tard d'une embolie pulmonaire. Je m'étais pourtant juré de passer lui rendre une visite surprise pour l'emmener faire un tour dans ma Rolls mais, bouffé par mes affaires, j'ai toujours remis ça au lendemain et le bonhomme est parti avant.

En effet, je ne me trouve pas à L.A. depuis un an que je roule déjà en Rolls. Grâce aux profits de ma première affaire, puis de quelques autres du même acabit, j'ai pris un appartement dans une luxueuse résidence de Bel Air et je peux sans crainte m'asseoir aux tables les plus chics du tout-Hollywood. Je deviens un familier de *Westside*, le paradis de L.A. ou tout n'est que luxe (clinquant), calme (apparent) et volupté (nonstop). Villas magnifiques dans de petits parcs privés, boutiques des grandes griffes françaises et italiennes au milieu de patios verdoyants, l'océan sous le soleil à quelques pas, des filles de rêve partout, la plus grande concentration de Rolls et de Ferrari au mètre carré qui se puisse imaginer. La France y est très appréciée sur le plan de la mode et de la gastronomie, aussi la colonie française qui vit là est-elle assez nombreuse. Elle a ses adresses, ses rites et ses codes. Je me sens donc dans *Westside* comme un poisson dans l'eau. J'ai fait de sérieux progrès dans la langue de Marc Twain et mon accent français est un charme de plus, ajouté à une adresse de prestige, une voiture haut de gamme, et tous les signes extérieurs d'élégance qui font la différence.

Il me reste néanmoins quelques portes à me faire ouvrir, celle du Bar Fly, notamment, la boîte top et très fermée où brille le nec plus ultra de la jet set californienne. C'est un expatrié français qui la tient, mais il ne suffit pas d'être son compatriote pour y être admis.

En attendant, je fréquente le restaurant d'un autre Frenchie, ou le café Maurice, à West Hollywood, le plus ancien établissement français de toute la côte. Dans ces endroits, je noue des relations avec des expatriés de choix et aussi avec certains chevaux de retour venus sous le soleil de la côte Ouest faire une fin acceptable.

Tel est le cas de Charles Glenn, naguère couturier à la mode – on lui doit, dans les années 1960, le fameux col Mao – et désormais plus investi dans la fête et les plaisirs faciles que dans la création. Nous nous lions d'amitié et il restera mon ami jusqu'au jour où il me trahira, mais ceci est une autre histoire. Pour l'heure, je me présente à lui comme champion de boxe européen. Après tout, je connais ce sport et j'en parle fort bien. Sûr de côtoyer une vedette, Glenn, qui a ses entrées au Bar Fly, m'y introduit.

Grâce à lui, je franchis donc les portes du saint des saints des jet-setters hollywoodiens. Cela représente un pas important. Cependant, il me reste à réussir l'essentiel : devenir « le » personnage à la mode de ce petit monde, celui qu'on recherche, dont on ne peut plus se passer et qui fait la pluie et le beau temps dans les soirées, les cocktails et les innombrables fêtes données autour des piscines de Beverly Hills, Bel Air, Malibu, Santa Monica. Pour cela, il faut se créer une légende. Je m'en occupe. Et mon cher Charles Glenn va se charger de la colporter.

Le tour de passe-passe m'a coûté cinq cents dollars. Tout de même.

Je fréquente Charly Glenn depuis quelques soirs lorsque j'ai l'idée de devenir le vainqueur d'un combat exceptionnel. Je passe pour être boxeur professionnel en Europe et il est grand temps que je donne du crédit à cette fable. Tout naturellement, je jette mon dévolu sur Glenn pour me servir de faire-valoir dans ma mise en scène. D'ailleurs, il mordra à l'appât comme les autres : longtemps après cette soirée mémorable il restera convaincu que ce rendez-vous de boxe n'était pas du flan et que seule la fin du film avait été « arrangée ».

Dans un premier temps, je lui propose donc de m'accompagner pour un combat officiel dans *downtown*. Il accepte volontiers et passe me prendre en voiture. Tandis que nous roulons, je m'avise soudain que je n'ai pas l'adresse exacte de la salle. Je demande à Glenn de m'arrêter quelque part afin que je puisse téléphoner à mon manager. Glenn m'attend dans l'auto tandis que je fais semblant d'appeler mon coach fantôme et lorsque je le rejoins, je lui apprends la bonne nouvelle : j'ai gagné par forfait. Mon adversaire s'est déballonné. Il a eu peur d'affronter « Rocancourt *the winner* ». Charly croit ma petite histoire sans l'ombre d'un soupçon.

Je lui propose alors de prendre un verre puisque nous ne sommes plus pressés. Il est OK, et tandis que nous sirotons nos scotchs comme deux bons copains de longue date, je l'amène peu à peu à considérer qu'une victoire sans combattre fait moins bien dans le tableau qu'un joli K.-O. au premier round. Il en est d'accord, ce brave Charly, et quand je pousse le bouchon jusqu'à lui suggérer de faire croire la sornette de la victoire expéditive, il rigole. Cela l'amuse, d'autant plus que je pimente notre joli scénario d'une enveloppe de cinq cents billets. Glenn a beau faire comme s'il avait encore ses aises, je ne suis pas dupe et je sais que cinq cents dollars ne sont pas mal venus pour lui par les temps qui courent. Il empoche les coupures et nous nous remettons en route, direction le Bar Fly...

Il est un peu plus de minuit. Le Bar Fly connaît l'affluence des grands soirs. Comme on dîne plus tôt en Californie qu'à Paris, les boîtes de nuit font le plein dès 23 heures, avec une nouvelle vague d'arrivants entre minuit et demi et une heure.

Charles Glenn pénètre devant moi dans l'établissement. Je le suis à deux mètres, arborant un air de vainqueur modeste, sans oublier, de temps en temps, de me passer le bout des doigts sur le sourcil droit, comme pour effacer une trace de coup. Avec l'autorité de son âge mûr et de sa gloire passée, Glenn finit par retenir l'attention de tous à force de beugler :

— Rocancourt gagnant par K.-O. au premier round ! *Yes men*, Christophe Rocancourt, mon grand ami, vainqueur au premier round, ce soir dans *downtown*. Un K.-O. d'anthologie. Il ne manquait que CBS ! Champagne pour le kid ! Champagne pour Rocancourt *the winner* !

Rocancourt le gagneur : le plus gros du boulot est fait. À l'instant même où les regards se tournent vers moi, où tous ces mecs en mal de gloriole et ces filles en manque d'idoles entendent mon nom et le réentendent, je sais que c'est acquis. Je ne suis plus un parmi les autres, un au milieu de ces happy few, je suis celui devant qui on s'est tu au Bar Fly et qu'on va applaudir et embrasser toute la soirée. Je suis le petit Frenchie qui a les couilles de monter sur les rings de *downtown* où des Blacks et des Chicanos, entraînés à la dure, rompus à taper comme s'ils devaient exploser du béton, vont se faire massacrer dans l'espoir de survivre.

Dès lors, on me regarde différemment. Des types bourrés de fric jusqu'à en étouffer, une playmate à chaque bras chaque fois qu'ils font un pas, tiennent à me traiter en copain de toujours. Ils me donnent du « Christopher » par ci, du « mon frère » par là. Ils m'ouvrent leurs portes, leurs bras, et pour quelques-uns leur portefeuille. Bientôt, au Bar Fly, je ne paie plus mes additions que lorsque j'y pense, car quand je suis là, on est assuré de vivre une soirée brillante : je veille en effet à ce qu'il se passe toujours quelque chose là où Rocancourt se trouve !

Aussi lorsque j'invite ces nouveaux amis dans ma nouvelle demeure – une superbe villa des hauteurs de Bel Air – pour assister à mes entraînements de boxe, l'après-midi, personne ne songe à s'étonner. Pas un seul de mes admirateurs n'aura l'idée de jeter un coup d'œil dans les archives de la boxe internationale pour vérifier si j'ai bien été champion d'Europe des poids légers comme je le laisse entendre. Pas un d'entre eux non plus ne manifeste la moindre surprise de me voir devenu en si peu de temps l'hôte d'une demeure de plusieurs millions de dollars. Ils gobent tout.

Et moi, je m'amuse comme jamais.

Les légendes vivantes perdurent en inventant des comportements qui, pour les gogos qui gravitent autour d'elles, deviennent des rituels incontournables. Les rois de France l'avaient bien compris, avec les protocoles sophistiqués du petit et du grand lever et les places à la danse ou à la chasse.

Le rituel que je mets en place a une connotation plus prolétarienne : il s'agit de mon show quotidien gants aux poings. Cela se passe vers 17 heures chaque après-midi dans ma luxueuse propriété dont j'ai transformé le salon, jusqu'alors raffiné et moelleux, en salle d'entraînement. La pièce maîtresse de la décoration est bien entendu le ring. Au début, cela en surprend plus d'un, mais très vite tout L.A. trouve mon initiative géniale. On se bouscule pour voir ça. On veut en être. Tout comme autrefois on tenait à approcher au plus près la chaise percée du Roi-Soleil. Mais je fais le tri. On n'arrive pas au bord du ring comme à la foire et me voir suer en petite culotte de soie devient bientôt un privilège.

Pour mes entraînements, je me suis assuré les services d'un pro, Freddy, un honnête boxeur de la côte Est que j'ai fait venir exprès à L.A., et, bien sûr, nous avons lui et moi notre entraîneur privé. Cela dit, je tiens à préciser que nos dix rounds de l'après-midi ne sont pas bidons. Nous y allons de bon cœur. Nous ne cherchons évidemment pas le K.-O., mais je tiens à ce que nos combats soient aussi sérieux que ceux auxquels je participais chez Roger Bensaïd, à Paris. Je m'impose cette rigueur autant par hygiène mentale que par respect de mon public. Ces gens croient dur comme fer à ma légende, je ne peux pas les décevoir.

Après le ring, je me douche, je me fais masser, puis je rejoins mes invités au bord de la piscine.

Chaque fois que, depuis la terrasse de la villa, je contemple les alentours, je me dis que la vie est belle, la mienne en tout cas. À l'écart, sur le parking, ce ne sont que Ferrari, Jaguar, Aston Martin, Porsche, Mercedes, Rolls, et si je ne décide pas d'aller prolonger la soirée dans un endroit à la mode en ville ou sur la côte, la fête, chez moi, ne prend fin qu'aux premières lueurs de l'aube. Les folles nuits se succèdent à une cadence infernale et je me fais livrer le champagne, le bordeaux et le scotch par camions. Je vis sur un tel standing que, certains jours, il faut que je me pince pour réaliser qu'il s'est écoulé si peu de temps entre mon arrivée aux States avec une poignée de dollars et l'existence que je mène à présent. Douze petits mois au cours desquels, il est vrai, j'ai bien su mener ma barque et jouer les bonnes cartes au bon moment.

Heureux au jeu, malheureux en amour, dit-on. Foutaises, en l'occurrence, car, insolence du destin, côté cœur, je suis aussi le plus verni des hommes.

Elle rayonne de cette blondeur qu'on ne rencontre que chez les filles de là-bas, très au nord. Elle est norvégienne. Grande, svelte, un corps de déesse, un sourire à faire se damner tous les saints, un regard à la fois

candide et glamour, cette fille d'exception est l'incarnation même de la beauté faite femme. Je l'appelle ma
Sirène parce que c'est l'idée qui m'est venue lorsque
j'ai posé les yeux sur elle pour la première fois.

Le soir où elle entre dans ma vie comme par effrac-
tion, elle tient le vestiaire du Bar Fly. Je suis sidéré de
la voir occuper cette fonction qui la relègue dans
l'ombre, à l'écart de ce monde de frivolités, mais aussi
de joie et de fortune dont elle pourrait devenir la reine,
en un battement de cils. Mais ce n'est pas sa tasse de
thé. Elle se fout des mondanités et de la jet set. Le
paraître ne l'intéresse pas.

Recluse dans les coulisses de ce haut lieu de plaisir
– de tous les plaisirs, cela va sans dire – elle meuble le
temps en lisant. Et que lit-elle, à quatre mètres cinquante de ces pécheurs forcenés ? La Bible ! Pour moi,
ce ne peut être qu'un signe.

Mon approche consiste pourtant, tellement je suis
troublé, à lui sortir des banalités consternantes, du
genre :

– Que faites-vous dans ce vestiaire alors que, avec
les yeux que vous avez, vous auriez tôt fait de mettre
tout Hollywood à vos pieds ?

Je ne fais pas un triomphe, alors je la branche sur ce
qu'elle lit. Je lui confie que c'est aussi une de mes
grandes lectures et que, même si je me débrouille
encore mal en anglais, c'est tout de même en lisant le
texte sacré que je me suis familiarisé avec la langue.
Elle pense que je baratine, alors je lui récite par cœur
des passages entiers. Là, les immenses yeux bleus de la

madone nordique me regardent comme si j'étais une apparition. Je n'en demande pas tant mais après cette rencontre autour de la Bible (rencontre qui ne deviendra « biblique » que quelque temps plus tard, ma Sirène ayant des principes), nous ne nous quitterons plus guère.

Je tombe amoureux dingue de cette fille. Je ne peux pas me passer d'elle. Quand elle n'est pas là, je la cherche et lorsqu'elle est à mes côtés je ne vois personne d'autre. Je crois qu'elle m'aime aussi de toute son âme. Souvent, elle pose sur moi un regard de petite fille stupéfaite. Je la surprends et, sans doute, la déstabilise sans le vouloir. Elle n'est pas préparée à partager la vie et les frasques d'un type comme moi. Le grand écart permanent auquel je me livre à toute heure du jour et de la nuit entre mon personnage de fin connaisseur de la Bible et celui d'ardent consommateur des plaisirs terrestres, entre mon goût de la solitude avec Dieu et ma vénération du luxe, sinon de l'argent, la fascine et l'effraie tout à la fois.

Ma Sirène est la reine de mon univers, là, près de ma piscine, à Bel Air. Quand je boxe sur mon ring privé, je jette souvent un coup d'œil sur elle. Ma madone m'admire et craint pour moi. C'est beau. C'est bon.

Et moi je me dis que rien n'est *too much* pour une telle merveille. Alors je donne mon maximum. À peine vois-je une ombre passer dans son regard, je me démène pour la chasser et y faire revenir la joie. Je veux ma Sirène heureuse vingt-quatre heures sur vingt-quatre, ce qui est beaucoup. Trop, peut-être...

Une fin d'après-midi, alors que le soleil amorce son déclin doré dans le lointain, au-dessus du Pacifique, j'ai une inspiration que me soufflent à la fois le goût du jeu et la peur de l'ennui. Nous nous trouvons au bord de la piscine, grignotant de la langouste grillée et buvant des drinks. Ma Sirène est là, naturellement, ainsi que Freddy, une poignée d'amis de bonne compagnie et l'escouade habituelle des faire-valoir. Quelques jours plus tôt, un type — le copain d'un ami d'une vague connaissance, je suppose — m'a abordé pour me dire que la villa était exactement ce qu'il cherchait pour une de ses relations de business qui voulait acheter. Ces quelques mots anodins me mettent la puce à l'oreille.

Alors que, autour de la piscine, la conversation roule sur je ne sais quel sujet du jour, je laisse tomber à mi-voix :

— Je vends... Oui, je mets la villa en vente. On en a fait le tour. On va finir par s'encroûter si on ne bouge pas.

Les regards se tournent vers moi. Je ressens le frisson de stupeur qui assaille ma Sirène, je devine l'effarement de Freddy. Tous deux me dévisagent, stupéfaits. Les autres s'empressent d'embarquer dans mon délire et de me trouver cent bonnes raisons de céder cette demeure. Il existe tant de belles propriétés à Bel Air ou à Malibu qui nous conviendraient mieux ! D'ailleurs, tous autant qu'ils sont, ils ne sont nullement surpris de ma décision. Ils prétendent m'aimer si fort qu'ils me devinent.

Aussi ont-ils flairé chez moi, depuis un certain temps, comme de la lassitude pour l'endroit. Ils ne m'en ont pas parlé jusqu'à cette minute de peur de me déprimer davantage, et patati et patata... La partition de violon des courtisans, je la connais par cœur.

— C'est décidé, je vends, dis-je une nouvelle fois à l'intention exclusive de ma Sirène et de Freddy.

Ma biblique blonde rabat ses lunettes de soleil sur ses yeux pour cacher son exaspération. Elle résiste quelques minutes, puis, sur le point de craquer, elle quitte la piscine, disparaît dans la villa et s'enferme dans notre chambre. Freddy se ressert du champagne, lui qui ne boit jamais plus d'une demi-coupe par jour.

Deux heures plus tard, alors que nous prenons place dans la Rolls pour descendre dîner dans un restaurant hyper tendance qui vient d'ouvrir dans *Westside*, ma Sirène se pend amoureusement à mon bras et me glisse à l'oreille :

— Tu plaisantais, tout à l'heure, n'est-ce pas ?

— Tout à l'heure ? Non, je ne vois pas...

— Quand tu disais vouloir mettre la villa en vente.

— Je ne plaisantais pas du tout. Je n'ai jamais été aussi sérieux. Pourquoi ne pas la vendre, cette baraque ? Tu sais, je l'ai bien regardée, je crois qu'on peut en tirer un gros paquet de fric.

— Tu me demandes pourquoi tu ne la vendrais pas ? s'exclame ma Sirène. Mais pour la simple et bonne raison qu'elle n'est pas à toi !

Détail ! ai-je envie de rétorquer. Mais je m'en abstiens. La vie est belle, ma Sirène l'est plus encore, et la nuit nous appartient, elle...

Moins d'un mois plus tard, j'ai trouvé un acquéreur. Il ne me reste plus qu'à dire à mon ami Pierre, le véritable propriétaire de la villa, que son bien est vendu. Il est alors en voyage d'affaires en Europe et je n'ignore pas que la période qu'il traverse n'est pas des plus florissantes, aussi n'ai-je guère de mal à le convaincre que, grâce à moi, il réalise une splendide opération. Bien que fort surpris d'apprendre que la maison qu'il m'a gentiment prêtée pendant son séjour au-delà des mers n'est plus à lui, il fait preuve de bon sens et la cession devient officielle et définitive. Au passage, je prends ma part. Ce qui, à y regarder de près, est la moindre des choses.

Le soir même nous fêtons ce beau succès au Bar Fly. Je me montre hyper généreux, le champagne coule à flots et je ne compte plus les appels du pied des friqués de l'assistance pour entrer en business avec moi, ni ceux des filles pour d'autres échanges. Ce soir-là, je suis d'une humeur magnifique : la passe de deux que je viens de réussir me remplit de joie, et dans l'intervalle entre la promesse d'achat et la mise à disposition du bien à son nouveau propriétaire, j'ai trouvé à me reloger. En plus grand, en plus beau, en plus flatteur et, cela va de soi, en beaucoup plus cher.

Ce n'est plus une villa mais un petit palais, un vrai domaine californien pour superproduction. Des chambres qui sont de véritables suites de palace, deux piscines, un jardin splendide, un parc passé au peigne fin, une terrasse de marbre de la grandeur d'un terrain de football ou peu s'en faut, des fontaines, des jets d'eau, un parking pour cent bagnoles. Bref, un truc de fou.

Je passais par là presque par hasard en me promenant au volant de ma Silver Shadow quand mes yeux sont tombés sur la pancarte *« For sale »*, à vendre. Aussitôt je m'arrête, je pénètre dans la propriété dont la grille est ouverte. Le hasard faisant bien les choses, la négociatrice de l'agence immobilière se trouve sur place ce jour-là pour réceptionner les travaux d'entretien des piscines et des jardins qu'elle supervise en l'absence du propriétaire. Ma Rolls l'impressionne favorablement. Ma dégaine beaucoup moins. Quand elle me voit débarquer de la limousine et venir vers elle, elle fronce les sourcils, esquisse un mouvement de recul et s'apprête à m'envoyer me faire voir ailleurs. Je suis en short, nu-pieds dans des savates, je porte un vieux tee-shirt sans forme et, cerise on *my head*, j'arbore un splendide bandana à étoiles. Les mêmes que celles du drapeau US. Le top du top en matière de bon goût, un peu l'équivalent américain du bob « Ricard » à la française.

La fille me prend donc pour un dingue, mais, au vu de la voiture, elle se dit que je suis peut-être un de ces originaux hyper friqués dont la côte Ouest regorge.

J'aborde la vendeuse armé de mon plus beau sourire

et je lui demande avec cet accent terriblement *frenchie* dont je n'ai jamais réussi à me débarrasser :

— Sur la route, j'ai vu le panneau « à vendre ». Est-ce bien ce domaine, qui est mis en vente ?

Elle répond par l'affirmative.

— Combien ?

Elle me donne un chiffre qui, si je l'écoutais, me donnerait le vertige. Mais je ne l'entends même pas. Le montant, je m'en moque !

— Vous me faites visiter ?

Elle hésite.

— Je viens moi-même de vendre ma villa, ici, à Bel Air de l'autre côté de la colline, alors je cherche à investir. À première vue, cela me paraît convenir, mais j'ai mes exigences.

« Bon, pourquoi pas, après tout », doit-elle se dire. Et elle me gratifie de la visite commentée des lieux. La totale. Elle me montre tout, y compris la chambre forte. On y pénètre par une porte blindée qui ne se manœuvre qu'avec un code secret. En réalité, il s'agit d'une cave. À l'intérieur, un millier de bouteilles, les plus grands vins du monde. La vendeuse m'explique que le propriétaire étant l'héritier d'une dynastie musulmane très stricte chez qui toute boisson alcoolisée est prohibée, il tient à tenir secrets ses petits démons personnels. Pour des lingots, il ne s'embarrasserait pas d'autant de précautions, je présume.

Je passe la moitié de l'après-midi à découvrir le domaine et ses annexes. Lorsque nous en avons terminé, je regarde mon guide droit dans les yeux et je lâche, tout sourire :

– Pour moi, c'est OK. J'achète.

Elle en reste sur le cul. Elle me toise. Avec mes savates et mon short, je ne suis pas le client qu'elle attendait, mais, de nouveau, elle se soumet. De peur que je n'aie pas bien intégré ce paramètre, elle me répète tout de même le prix trois ou quatre fois.

– C'est OK ! Tout OK. Il y a une petite condition, cependant. Presque rien. Je procède de la même façon chaque fois que j'achète une nouvelle maison, en Europe ou ici. Il faut que je puisse dormir sur place trois ou quatre nuits afin de tester les ondes. Si l'influx est mauvais, je n'achète pas, vous comprenez, mais si les vibrations sont favorables, là je ne discute même pas.

Elle me regarde, sidérée. Elle s'attend peut-être à ce que j'éclate de rire comme quelqu'un qui vient de faire une bonne blague mais je reste de marbre. Alors elle se décide à appeler le propriétaire, un Saoudien qu'elle parvient à joindre je ne sais où dans le monde et qui, après à peine trois minutes de discussion, donne son accord pour l'essai.

Dès le lendemain, je m'installe et, le week-end suivant, j'organise une fiesta monstre dans ce que tout le monde regarde déjà comme mon dernier caprice.

Je crois me souvenir que j'ai réussi à m'incruster dans ce palais des mille et une nuits près de dix mois en promettant l'arrivée des fonds pour « au plus tard dans vingt jours ». Et si ma mémoire est fidèle, je pense également avoir réussi à faire financer par le vendeur lui-même deux missions à cent mille dollars chacune, confiées à un « poireau » – un homme de paille recruté par mes soins, cinq mille dollars la vacation – censé se rendre en Suisse pour hâter le déblocage de ces maudits fonds qui se faisaient tellement attendre et sans lesquels, bien entendu, nous ne pouvions boucler la transaction. Quant aux grands crus de la chambre forte, est-il besoin de préciser qu'un bon nombre se sont évaporés dans l'atmosphère torride des fêtes que j'ai données.

Devant tant de succès et tant de bonheurs, je me dis que l'air de la Californie me réussit à merveille et que mes vieux démons du jeu et de la comédie ont trouvé leur eldorado.

VAN DAMME, MICKEY ROURKE
ET LES AUTRES :
LES STARS DE L'HÉRITIER LAURENTIIS

Le type s'approche de moi. Poli, il attend que j'aie fini de faire mon petit gringue rituel à Betty, la barmaid, une gentille fille, plutôt jolie et que j'ai prise en affection. Si je devais faire le compte de ce que mes accointances avec les serveurs de bar, les chauffeurs, les portiers, les dames pipi m'ont apporté en matière de renseignements précieux sur les uns et les autres, il me faudrait des pages et des pages. La plupart du temps, je m'entends bien avec eux. Je n'ai pas à me forcer. Je n'oublie pas d'où je viens et respecte ce qu'ils sont et ce qu'ils font. Alors, j'ai toujours un mot à leur intention et ça me repose, parfois, de parler enfin vrai. Barmaid depuis deux ans dans ce bar de luxe d'un grand hôtel, Betty a un môme qu'elle élève seule. Comme je le fais souvent, j'ajoute discrètement un billet à son pourboire et je lui glisse :

— Pour l'anniversaire du petit.

— Mais ce n'est pas son anniversaire. Et vous m'avez déjà fait le coup le mois dernier !

Faussement hautain et bourru, je lui balance :

— Betty, vous essayez encore de me dire ce que j'ai à faire et quand je dois le faire, c'est intolérable !

Elle rit, empoche le billet. Je viens de lui apporter une bouffée de bonheur, et à moi aussi par la même occasion. Puis je me penche vers elle au-dessus du magnifique bar à l'anglaise en bois roux sombre.

— Betty, le type qui s'est approché et qui attend pour me parler, vous savez qui c'est ?

Elle n'a même pas besoin de le regarder pour me renseigner.

— Une sorte de journaliste. Enfin... pas vraiment. Il vend des potins, des ragots à des rédacteurs flemmards.

Je vois. Des types comme ça, il y en a des flopées dans L.A. Maintenant que je sais à qui j'ai affaire, je peux paraître disponible et voir ce qu'il me veut. Il n'y va pas par quatre chemins.

— Juste une question, monsieur Rocancourt. On dit par ici que vous avez un projet avec Jean-Claude. C'est vrai ?

— Oui, c'est vrai.

Je n'en dis pas plus et cela suffit à mon ramasseur de confidences de comptoir. Tout frétillant, il tourne les talons, quitte le bar et s'en va vendre la soupe que je viens de lui servir. Je ne lui ai pas menti, j'ai en effet un projet avec Jean-Claude Van Damme : ce soir, nous devons dîner ensemble à la meilleure table de West

Hollywood. Mais dans la petite tête du fouineur de ragots, « avoir un projet » avec Van Damme, une star de l'écran, ce ne peut être que pour un film.

Moi, je me contente d'aller dans le sens de la rumeur qui sévit depuis peu et qui fait de moi le nouveau producteur de l'acteur. Foutaise totale qui, après nous avoir surpris, nous amuse beaucoup, Jean-Claude et moi.

Nous avons été présentés l'un à l'autre dans ce même restaurant de West Hollywood où nous avons rendez-vous ce soir. Nous nous sommes tout de suite appréciés. Si la boxe procure beaucoup de gnons, elle crée des liens. Van Damme est encore répertorié chez les pugilistes professionnels lorsque nous faisons connaissance... Et ne suis-je pas, moi, « Rocancourt *the winner* », celui qu'on connaît partout pour avoir remporté un combat dans *downtown* au premier round par K.-O. ?

Jean-Claude ne brille pas par une subtilité exceptionnelle, mais je l'aime bien parce qu'il a en commun avec moi ce je ne sais quoi d'animal que l'on garde toute sa vie quand on vient d'où nous venons. L'enfance cassée laisse mille fois plus de traces que mille coups de poing dans la gueule reçus au cours de mille combats sur les rings les plus pourris.

On sort beaucoup ensemble. On écume les endroits à la mode. Les paparazzi nous mitraillent. Il m'arrive de leur fixer rendez-vous pour qu'ils n'aient pas à errer à notre recherche. Et Jean-Claude et moi nous amusons comme des petits fous.

Le plus souvent, pour ne pas dire toujours, c'est moi qui régale. Van Damme a des oursins dans les poches.

Plus radin que ce mec, tu meurs ! Vis-à-vis du fric, il obéit à l'un des deux comportements névrotiques des fils de pauvres, l'avarice obsessionnelle. Moi, je m'en tiens à l'autre attitude : l'hystérie dépensière. C'est ainsi.

Comme je lâche le fric, on s'imagine vite que je suis en business avec lui. Et quel pourrait bien être ce business sinon du cinéma ? Alors, la rumeur qui prétend que je suis le producteur du prochain film de Jean-Claude ne cesse de s'amplifier. Je laisse dire. Ce n'est pas plus compliqué que cela.

Cette nouvelle légende ne fait que croître et embellir lorsque Jean-Claude, un soir, me fait rencontrer Mickey Rourke, star encore plus considérable que lui à ce moment-là. Et, c'est une vraie amitié – oui, j'ose le mot – qui s'instaure entre nous dès le premier contact. J'ai vu tous ses films, j'adore l'acteur et je le luis dis sans détour. Pour apporter une touche d'humour à ce premier échange, j'instille dans la conversation cette allusion malicieuse :

– En fait, Mickey, nous ne nous connaissons pas et pourtant nous avons été très proches.

Il me regarde, étonné.

– Très proches ? Non, je ne vois pas... On ne peut pas se souvenir de tout le monde, mais comment pourrais-je avoir oublié quelqu'un qui aurait été vraiment proche de moi ?

– Nous l'étions pourtant. Seule l'épaisseur de cinq ou six feuilles de papier nous séparait. Voilà quelques années, vous avez fait la une du numéro de *Vogue* Italie dans lequel je posais comme modèle sur quatre pages.

Évidemment, nous rions. Cela dit, mine de rien, cette coïncidence nous a rapprochés dès les premiers mots échangés. À ce stade de sa carrière, Mickey Rourke croise chaque jour à Hollywood dix ou vingt types aussi blindés côté fric que moi, mais assurément pas un seul qui ait partagé avec lui le privilège d'avoir sa gueule dans *Vogue*. Une nouvelle fois, d'emblée je ne me positionne pas comme un parmi d'autres mais comme celui qui a quelque chose en plus, une valeur ajoutée qui fait toute la différence.

Cette soirée sera suivie de beaucoup d'autres. Chaque fois que nous sommes disponibles, nous nous retrouvons dans nos repaires de noceurs dorés. Charles Glenn est de toutes les parties ou presque. Je lui dois mon intronisation triomphale au Bar Fly et je ne l'oublie pas. Désormais, pourtant, les rôles sont inversés. C'est moi le poisson pilote et lui le courtisan, mais qu'importe. Cela n'existe pas dans mon esprit. Je vis ces changements en joueur de cartes : un jour, la bonne donne est pour l'un, le lendemain elle est pour l'autre, ainsi va la chance... Dommage que Glenn n'ait pas eu la même conception des choses. Quand tout ira mal pour mon matricule et que je ne serai plus en mesure d'alimenter sa mangeoire en caviar et en champagne millésimé, il ne se privera pas de vendre à l'écran les images qu'il a prises de toutes ces fiestas, cautionnant sans retenue la fable répugnante selon laquelle j'aurais abusé ces stars qui m'ont donné leur amitié, ou du moins une parcelle d'amitié.

Or, sur ma vie, je n'ai jamais pris un sou à Van Damme, ni à Rourke, ni à Sagan plus tard ni à quelque autre artiste que ce soit. Quant à Polnareff, qui a pu laisser entendre que je l'aurais grugé d'un quart de million, qu'il me soit permis de rire. Pour se faire subtiliser deux cent cinquante mille dollars, encore faut-il les avoir. Or, au moment de ces jérémiades, il est de notoriété publique que le chanteur expatrié ne traverse pas une situation financière des plus favorables. Toutes ces accusations sont autant de bouffonneries et il m'est très facile d'en apporter la démonstration.

En effet, aux États-Unis plus qu'ailleurs, au moindre incident on dégaine. Non pas son flingue, encore que... mais son avocat. Ou plus exactement, sa batterie de défenseurs. Tu souris à une fille dans un ascenseur, tu peux être certain qu'avant d'avoir atteint le bon étage elle a déjà appelé son « conseil » afin de te faire cracher un demi-million de dollars pour harcèlement sexuel. Autour de Mickey Rourke, de Van Damme, comme des autres stars que j'approche, Michael Jackson, Mohamed Ali, Elton John, Johnny Depp, Meryl Streep, Jodie Foster, des dizaines d'avocats gravitent en permanence, à l'affût de la moindre occasion de briller et de s'en mettre plein les poches. Et moi, Rocancourt, j'aurais réussi à escroquer certains d'entre eux sans que personne ne lève le petit doigt ? Dans mon dossier judiciaire, où sont les plaintes de stars ? Où trouve-t-on les récriminations de monsieur Polnareff par exemple ? Nulle part. Et pour cause : elles n'existent pas.

Rien de tout ce qui a été dit sur moi ne me révolte plus que cela. Je n'ai jamais pris un dollar à ces acteurs ou chanteurs, tout simplement parce que je n'ai jamais cherché à abuser celles et ceux qui m'ont donné sincèrement leur amitié. Jamais. C'est mon honneur.

Pour faire rire sur les plateaux de télévision, je dis volontiers que je n'ai pas tiré un seul centime de Jean-Claude et de Mickey parce que ce sont deux pingres de première. Cela n'est pas faux, au demeurant, mais la vraie raison est ailleurs : ils ont été mes amis. J'ai partagé avec eux bien plus que le luxe, les bagnoles, les dîners féeriques, les soirées en compagnie de créatures de rêve, les escapades en jet privé (à mes frais) : nous avons connu ce qui n'a pas de prix à mes yeux, la connivence, le rire, le plaisir d'être ensemble.

Et puis, qu'on m'accorde au moins cette pirouette : acteur moi-même dans ma vie, je n'allais tout de même pas m'en prendre à mes « confrères ». J'ai la fibre corporatiste, en quelque sorte. À ce propos, je peux me prévaloir d'un brevet d'aptitude professionnelle dont beaucoup aimeraient se targuer. Lorsque les télés, les journaux américains ont publié les reportages sur mes démêlés avec la justice, Al Pacino – l'immense Al Pacino – a déclaré : « Ce que Rocancourt a réussi, il n'y a pas un acteur au monde qui puisse le faire. »

Mais qui peut lutter contre la calomnie ? Mes amis stars et moi, nous donnons des fêtes à étonner les princes, comme dit une vieille chanson. Des dizaines, des centaines de pique-assiettes et de postulant(e)s au statut de « copains de vedettes » courent s'y agglutiner. Les journaux publient les photos dès le lendemain, et Glenn tourne toujours et encore ses morceaux de films.

Une nuit, alors que nous avons déjà pas mal picolé, Mickey et moi faisons les singes devant l'entrée d'un club privé et, pour offrir du nouveau, du sensationnel aux photographes, nous nous donnons un baiser de rien – une chiquenaude de baiser – sur les lèvres. Une idée débile qui nous a passé par la tête, comme ça, sans raison. Rien de tel pour alimenter toutes sortes de rumeurs, et ce pauvre type de Charly Glenn ne s'est pas privé d'exploiter jusqu'à la corde le filon que représentent de telles images à Hollywood.

Les accusations mensongères lancées contre moi à propos de mes amies stars et de leur argent naissent sur ce mauvais terreau, sur ce fumier des racontars. La malveillance, l'envie, la médiocrité font le reste. Puisqu'on voit Rocancourt en permanence avec ces célébrités, et puisque Rocancourt gagne du fric et le montre, c'est à ces grands noms-là qu'il le pique. CQFD. On ne va pas chercher plus loin.

Or, n'en déplaise aux médisants, mon argent, je le gagne autrement et avec de tout autres personnes.

L'économie, à L.A., fonctionne sur deux niveaux :

l'officiel et l'*underground*. Il existe un réseau parallèle de circulation de l'argent au moins aussi important que le réseau traditionnel des banques, des sociétés de crédit et des officines d'investissement. À ma connaissance, on ne trouve qu'en Italie du Sud une organisation financière souterraine d'une si grande efficacité. Son importance est telle que tout s'effondrerait si elle venait à disparaître. Tout le monde sait que ces cheminements de traverse existent, à commencer par les autorités – qui ne se privent pas d'y recourir le cas échéant – et je ne vois pas quel élu s'aventurerait à y mettre fin. Quand bien même il serait un superman du type Schwartzy.

C'est dans les méandres de cette économie « parallèle » que j'évolue. Le principe est très simple. Il s'inspire du système officiel, légal. Disons qu'il en est une transposition. Quand on cherche à faire de la thune, on a toujours intérêt à s'inspirer des pratiques des tenants de la légalité, de celles des gens du fisc notamment. Leur exemple est à suivre, la preuve, leurs institutions roulent sur l'or. Celui qu'elles prennent dans les poches du contribuable, cela va de soi.

La clef de voûte du système porte un nom : taxe. Dans le langage parallèle, le mot devient « commission », backchich, tout ce qu'on voudra, mais la logique est la même : tu veux gagner des ronds grâce à tes placements ou à ton goût du risque ? Très bien. Je te facilite la tâche mais je prends au passage ma quote-part.

En revanche, pas question de toucher à l'impôt sur le travail, autrement dit le racket, qui sévit aussi dans le système parallèle. Mais là, pour moi, c'est non ! Le racket est l'affaire des gangs, des mafias diverses qui prospèrent aux States depuis la nuit des temps. Règle absolue : s'en tenir à l'écart. Sinon, ce n'est pas les poches remplies d'or que tu finis, mais la panse truffée de plomb. Très indigeste.

Et puis la violence n'est pas mon style. Je n'ai pas monté l'histoire du combat bidon pour aller risquer « pour de vrai » de me faire vitrioler le portrait en taxant à la petite semaine « Harry le roi du Hamburger » dans sa cabane merdique d'un carrefour de *downtown*.

Même chose pour la drogue et la prostitution. Pas touche ! D'abord parce que je n'ai jamais pensé à donner dans ces trucs-là, tellement éloignés de ce que je sais faire, ensuite parce que je veux pouvoir me regarder dans la glace quand je me rase le matin, enfin, parce que je ne donne pas quatre semaines de sursis à celui ou à celle qui irait y mettre le petit doigt sans l'aval des caïds.

Mon business à moi consiste à faciliter la circulation occulte de l'argent. Rendu confiant par mes relations, l'ampleur de mon carnet d'adresses, mon train de vie éblouissant, ma réputation de gagneur, mon impact médiatique, tu viens me trouver et tu me dis :

— Rocancourt, je cherche trois cent mille dollars pour boucler une affaire.

Moi, je ne te demande rien. Je me fous de ce qu'est cette affaire supposée fructueuse. Là aussi, je marche au feeling. Si je ne te « sens » pas, ou si je trouve le moment inopportun, je refuse net et on en reste là. Mais si j'accepte, je te réponds simplement :

– OK. Je vais me mettre en quatre pour te trouver ces trois cent mille dollars, mais il y a un préalable. Avant toute démarche de ma part, tu me verses dix pour cent de la somme en espèces, soit trente mille dollars. Tu prends ou tu laisses.

Toi, tu penses que trente mille billets ce n'est pas rien. Mais tu n'as pas de piste plus fiable pour dénicher au black ton tiers de million, et tu te convaincs aisément que si Rocancourt était une planche pourrie, il ne serait pas le pote des stars les plus en vue, il ne roulerait pas en Bentley ou en Ferrari selon le caprice du jour, il ne vivrait pas dans un palais à Bel Air et il n'aurait pas table ouverte dans les restaurants les plus chers de Californie. Néanmoins, tu t'interroges.

– OK pour les trente mille dollars. Mais quelle garantie de bonne fin tu me donnes ?

La réponse est claire et abrupte :

– Aucune.

Certes, je vais loyalement chercher à te procurer l'argent, mais mon engagement se limite à cela. Si je me reconnais une « obligation de moyens », je ne me sens lié par aucune obligation de résultat. Nuance. Donc, en aucun cas, je ne peux t'assurer que je réussirai. Tu plonges ou tu ne plonges pas. C'est ton problème. Personne ne te met un flingue contre la tempe pour monter dans le wagon.

197

Le deal n'est pas forcément exposé de manière aussi rude mais tel est bien l'esprit dans lequel je mène mon job. Deux ou trois types débiles et jaloux ont raconté par la suite que mon affaire était bidon, que les gars payaient et ne voyaient jamais rien venir. Quelle stupidité ! Si je m'y étais risqué, en quinze jours je n'aurais plus eu aucun client. Même dans un circuit occulte, tout se sait très vite et les rigolos font illusion encore moins longtemps que dans la sphère officielle.

D'ailleurs, mon affaire tourne si bien que j'en viens à m'associer avec Didier, un restaurateur français de Newport Beach. Son établissement devient en quelque sorte notre bureau. Les solliciteurs savent ainsi où s'adresser pour prendre contact. Là encore, il est utile de préciser que ce type d'organisation n'est pas exceptionnel à L.A., où la nébuleuse financière ne s'encombre pas du formalisme qui semble indispensable, ici, en France et plus généralement sur le Vieux Continent.

La qualité de certains de mes clients vient encore renforcer ma crédibilité. Car il ne faut pas se méprendre : ce système *underground* ne concerne pas que les grenouilleurs en eaux troubles. Des personnes très respectables y ont recours. Des hommes d'affaires ayant pignon sur rue, des avocats, des politiciens, voire quelques responsables de la police. C'est précieux, car lorsque le bouche à oreille colporte la confiance, la prospérité n'est pas loin. La prostituée de luxe qui souhaite faire fructifier son pactole n'hésite pas à s'en remettre à un type avec qui traite en personne le chef de la brigade des mœurs. C'est humain.

Contrairement à ce que certains ont laissé entendre lorsqu'il était de bon ton de m'enfoncer, j'ai mis beaucoup de sérieux dans ces transactions, et si je reconnais que tous mes clients n'ont pas trouvé satisfaction auprès de moi, la liste est longue de ceux qui n'ont eu qu'à se féliciter de mes services. Mais chacun comprendra qu'aucun d'entre eux ne se soit empressé de venir s'en vanter devant un tribunal. Logique. Ça fait partie du jeu.

Bref, mes affaires tournent très bien. Rocancourt n'est plus seulement un nom qui revient sans cesse dans les rubriques people des gazettes, il s'impose à présent comme une référence en même temps qu'un label d'efficacité.

Cependant, la rumeur qui veut que je sois producteur de cinéma persiste et, comme on l'a vu avec le pseudojournaliste, je ne me prive pas de l'accréditer quand l'occasion se présente. Le projet de dîner avec Van Damme devient tout simplement « un projet ». L'échotier est libre de mettre derrière ce mot ce qu'il veut.

Seulement voilà : une légende, il faut l'étoffer. Producteur, certes, mais de quoi ? Je ne peux quand même pas prétendre avoir produit les chefs-d'œuvre du moment : trop facile à vérifier. Donc, à défaut de réalisations tangibles, je me cherche une filiation : je serai fils de producteur. Et pas n'importe lequel ! L'idée me vient alors que je roule sur la corniche le long du Pacifique à bord d'une Ferrari décapotable qu'on m'a confiée pour un essai, et le nom de Laurentiis s'impose à moi. Cela ne relève pas de la réflexion, encore moins du calcul. Simplement ces lettres de lumière – Laurentiis – apparaissent immédiatement sur l'écran de mon petit cinéma personnel. Je continue de marcher, à l'instinct, au flash, à l'instantané. Comme lorsque je suis subitement devenu étudiant à l'ENA au début de ma « carrière », puis boxeur pour faire rendre sa dette au propriétaire grugé du motel, puis « winner » quand j'ai inventé pour Glenn le faux combat de *downtown*. Cette fois-ci, ce sera « fils de producteur », et, pour en rajouter à mes titres de noblesse, après « de » Rocancourt, ce sera « De » Laurentiis.

J'admire tous les films que le grand Dino a produits : *Dune* réalisé par David Lynch, le *King Kong* avec Jessica Lange et, plus que tout, *Conan le barbare*. Cependant, je ne sais rien de lui, de sa vie, de ses goûts, de sa famille. Pour quelqu'un qui prétend être son fils, c'est un peu court et je n'ignore pas que ces lacunes doivent être comblées au plus tôt. Or, une fois encore, la chance me sourit. En effet, je ne tarde guère à me rendre compte que si je ne connais pas grand-chose de cet homme, les autres autour de moi, même s'ils sont dans le cinéma, n'en savent pas beaucoup plus. À l'instar de la plupart des individus d'exception, Dino De Laurentiis est toujours resté discret sur lui-même et sur son entourage. Ce flou me convient parfaitement.

Puisque personne ne sait rien, tout est à inventer. Mieux encore, puisque Dino De Laurentiis s'est toujours montré aussi réservé, aussi avare de confidences, eh bien j'applique le bel adage « tel père, tel fils » et j'opte pour la même ligne de conduite, je reste officiellement muet. Si des indiscrétions ont pu filtrer ici ou là sur l'auteur de mes jours et sur sa famille, je n'y suis pour rien. Et quand on y fait allusion, j'affiche l'air gêné de circonstance.

Le plus extraordinaire dans cette affaire est la facilité avec laquelle j'impose cette fable. Des années plus tard, je n'en suis toujours pas revenu. Mon accent français ? Rien n'empêche un producteur d'avoir un enfant avec une Française. Le fait que jamais personne n'ait entendu parler de cette filiation ? Puisqu'on vous dit qu'elle doit demeurer top secrète ! Enfin, presque... Je reste Christopher Rocancourt pour mon business d'intermédiaire financier, mais, tel Dr Jekill et Mr Hyde, je me métamorphose en Christopher De Laurentiis le soir venu, dans la lumière des spots, et tout le monde n'y voit que du feu.

Au cas où j'aurais à répondre à des questions insidieuses, j'ai préparé ma riposte, cela va de soi. Elle est imparable : Rocancourt serait le pseudonyme que j'ai choisi pour mes affaires financières car quand on a un père comme le mien, dont le nom brille au firmament du cinéma universel, on ne le rabaisse pas au niveau de banales transactions de fric. Argument plein de noblesse que, à ma grande surprise, je n'aurai jamais à sortir devant quiconque. Hollywood est La Mecque du rêve. On ne demande jamais de comptes au rêve, alors on n'a jamais exigé de moi la moindre justification. De peur que le songe que j'offrais ne s'effondre lamentablement, je présume.

Mais moi je garde bien les deux pieds sur terre. Je ne suis pas dupe de mon « cinéma », si j'ose dire. Je ne l'ai jamais été. Je me contente de jouer à fond les rôles que je me choisis. Et d'empocher les fruits du succès. À cet égard, le pedigree De Laurentiis m'apporte beaucoup sur le plan relationnel. Les portes les mieux verrouillées de l'univers cinématographique s'ouvrent en grand et aussi celles de la « haute société », celle qu'on ne voit jamais dans les night-clubs ou dans les soirées people. Tout comme à Paris quelques années plus tôt où, grâce à Isabelle, j'ai eu accès à la grande bourgeoisie, la griffe De Laurentiis me permet d'intégrer d'autres sphères... Or, ce qui est bon pour le standing de l'héritier De Laurentiis ne peut pas être néfaste pour les affaires de son *alter ego*, Rocancourt.

À ce moment-là donc, en ce qui me concerne, tout va pour le mieux dans le meilleur des mondes. Tout me sourit. Les femmes, en particulier...

Je me rappelle très bien l'instant où je l'ai vue pour la première fois. Van Damme me présente à elle lors du cocktail monstre qui suit la première d'un film. À la minute même où nos regards se croisent, je flaire en elle l'animal, le grand fauve et je ne me trompe pas. Sa beauté est moins virginale que celle de ma Sirène, plus agressive, et aucun mâle ne peut poser les yeux sur une créature pareille sans ressentir des picotements au creux des reins. Elle s'appelle Darcy, elle n'a pas encore trente ans et elle a déjà derrière elle plusieurs vies. Quant à son tableau de chasse à l'homme, il est impressionnant.

À l'instant même de notre rencontre, elle lâche un rire de connivence. Elle aussi m'a flairé. Et nous nous sommes reconnus. À quelques différences près, nous sommes de la même fibre. Avant de connaître Darcy, je pensais que l'expression « fusiller ou tuer du regard » n'était qu'une image. Avec cette femme, ces mots prennent tout leur sens. Darcy séduit ou détruit. Il n'y a pas de moyen terme. Dans son esprit, rien ni personne ne doit lui résister. Elle fonce droit au but et tant pis pour la casse sur son passage. Aucun obstacle ne l'arrête. Darcy est une femme sulfureuse, dangereuse, ambitieuse, délicieusement amorale. Très vite, elle me fascine. Sa beauté me trouble, bien sûr, mais je sens aussi que cette tigresse est capable d'apporter à un homme quelque chose d'exceptionnel, de fou. Or, qu'est-ce que je cherche d'autre dans ma vie si ce n'est l'exceptionnel et la folie ?

Nous bavardons depuis quelques minutes seulement, une coupe de champagne à la main, lorsque je lui dis :

— Tu aimes Vegas, Darcy ?

— Si j'aime Vegas ? Tu parles ! Cette ville de dingues a été inventée pour moi.

Une heure plus tard, toujours une coupe de champagne à la main, nous sommes confortablement assis côte à côte dans le jet privé que je viens d'affréter pour nous conduire à Las Vegas, la métropole mondiale du jeu et de la tentation, la cité terrestre où vivrait le diable s'il devait habiter ici-bas. Destination l'hôtel Mirage. J'aime bien son volcan en toc qui crache le feu à intervalles réguliers, sa piscine exotique, sa fontaine monumentale à l'entrée, et la note de fraîcheur qu'elle apporte dans la chaleur torride qui règne en permanence ici. J'y ai mes habitudes, et tout le monde me connaît. Lorsque je débarque, c'est tapis rouge et feu d'artifice. Normal, car sur le tapis vert des tables de jeu je laisse plus souvent qu'à mon tour des milliers de dollars. Quant à Darcy, elle aussi connaît Las Vegas et Vegas la connaît.

Lorsque la limousine longue comme trois Mercedes que j'ai louée nous dépose devant la fontaine de l'entrée, il fait nuit. Dans les salles de jeux aussi, mais là, la lumière du soleil est bannie à jamais. C'est volontaire, car le joueur est ainsi plongé hors du temps, ce qui lui procure une euphorie étrange. Échapper ainsi à la course des heures, c'est faire durer la vie indéfiniment et reléguer la fin du temps et donc la mort dans l'improbable. Illusion, mais illusion magnifique. L'obscurité des salles de jeux est une trouvaille magique et plus profonde qu'il n'y paraît.

Au Mirage, il y a toujours une suite disponible pour Rocancourt - De Laurentiis. L'hôtel nous offre à dîner dès notre arrivée, mais nous n'en avons que faire. Nous sommes là pour jouer, pour nous jauger Darcy et moi à travers le risque. Le baccara et le black-jack ont ma préférence ce soir-là. En quelques parties, je largue quelque chose comme vingt mille dollars, sans sourciller, sans une mimique de désappointement, sans le moindre signe de regret ou de rage. Dans le même temps, Darcy laisse une dizaine de milliers de dollars à une autre table dans la même indifférence. Il est vrai que les billets qu'elle dilapide proviennent en ligne directe de ma poche. Cela facilite beaucoup son détachement.

Lorsque je quitte le black-jack, un maître d'hôtel apporte une bouteille de champagne de ma marque préférée et nous le sert sous les palmiers de la piscine tropicale. Autour de nous, les types regardent Darcy à la sauvette, la langue pendante. Cela nous amuse beaucoup.

Pendant que je misais au jeu, Darcy est montée se changer à mon insu. Bien qu'elle n'ait pas apporté de bagages, et moi non plus vu notre départ précipité, elle s'est fait livrer une robe de crêpe mauve, transparente juste ce qu'il faut, enfin un truc qui tient plus de la seconde peau que du vêtement honnête. De quoi rendre fou un eunuque ! Chaque pas, chaque mouvement que la tigresse esquisse dans cette robe me provoque une poussée d'adrénaline incroyable.

— Tu as perdu beaucoup, ce soir, me susurre-t-elle.

— Si l'on considère que j'ai fini de jouer, oui, j'ai perdu. Si l'on admet que je ne m'offre qu'une pause, alors rien n'est dit.

— Non, là, tu arrêtes. J'ai mieux pour toi.

— Ah oui ?

CHRISTOPHE ROCANCOURT

— Tu as droit à un lot de consolation : une nuit avec Miss Oregon. J'ai tout arrangé. Prends le temps de savourer le champagne et rejoins ta suite dans un moment. Elle t'attendra.

Je pourrais prendre cela en gentleman et objecter que je me moque de Miss Oregon, que je ne suis pas homme à me contenter d'un lot de consolation, que seul le gros lot m'intéresse, c'est-à-dire elle, l'incendiaire Darcy, mais je m'en abstiens.

Une vingtaine de minutes plus tard, je regagne ma suite. Lumière tamisée dans le salon ainsi que dans la chambre. Sur le lit immense — il me rappelle les rings où j'ai livré tant d'autres combats — Darcy se tient debout dans une pose de playmate, ses talons aiguilles martyrisant les draps de soie. Elle est vêtue de la robe mauve à damner tous les saints. Dessous, rien. Absolument rien. J'en ai le souffle coupé. Sur un ruban de satin blanc qu'elle porte en écharpe coquine, elle a inscrit avec son rouge à lèvres : « Miss Oregon ».

Je m'approche, elle fait glisser la robe de ses épaules.
— Non. L'écharpe Miss Oregon, tu la gardes...
Elle obéit. Nue, Darcy est une splendeur.

Au lit, c'est une merveille. Le cocktail le plus éblouissant d'audace, de subtilité et d'ardeur qu'on puisse imaginer... Quelques heures plus tard, j'ai la confirmation que ma comparaison du lit avec un ring n'avait rien d'excessif.

Nous nous faisons servir de la langouste géante d'Afrique du Sud, mon plat préféré sur la carte du Kokomo's, restaurant top du Mirage. Je l'accompagne d'un vin blanc australien magnifique. Une découverte pour Darcy. Entre deux gorgées, elle me reproche ma muflerie :

— Quand je t'ai parlé de Miss Oregon, tu aurais pu me sortir le grand jeu et me balancer qu'il n'y avait que moi au monde...

Je lui rétorque, un peu narquois :

— Tu vois, chérie, je n'ai pas cru un seul instant à ton histoire. Je ne te connais pas depuis longtemps, mais je suis certain d'une chose : tu n'es pas du genre à faire l'article pour une autre que toi-même. Alors, je me suis dit : Miss Oregon, je l'ai devant moi.

— Bingo ! me félicite-t-elle. Bien jugé...

Le regard que nous échangeons alors, furtivement, tient beaucoup plus du défi de deux animaux sauvages que de la mièvrerie amoureuse.

Des escapades comme celles-ci, à Vegas ou ailleurs, il y en aura bien d'autres. Ma Sirène n'apprécie pas beaucoup, on s'en doute. Elle a toujours fermé les yeux sur les passades, les fantaisies sans lendemain, mais elle voit en Darcy un tout autre danger. Elle n'a pas tort car si à aucun moment je n'envisage de construire quelque chose de sérieux avec cette fille, je n'imagine pas davantage pouvoir me passer facilement d'elle et de nos nuits de feu. Du moins pas dans l'immédiat...

Toutefois, comme toujours, l'effervescence sensuelle finit par s'émousser et nos rencontres s'espacent. Il faut dire que Darcy sait être invivable à la moindre

contrariété. Ses colères à répétition sont autant d'érup-
tions volcaniques. Au début, elles peuvent surprendre
et même effrayer, mais à l'usage elles n'impressionnent
plus guère et finalement on s'en lasse.

Nous restons amis et complices mais désormais, si
nous nous croisons encore à Las Vegas de temps en
temps, nous nous contentons de prendre un verre
ensemble, nous ne faisons plus suite commune. D'ailleurs Darcy ne va pas tarder à jeter son dévolu sur Van
Damme. Elle deviendra sa femme quelque temps plus
tard et ils auront un petit ensemble.

Auparavant, bien avant notre rencontre, juste après
avoir remporté à Hawaï un concours de beauté en sa
qualité de Miss Oregon, Darcy avait épousé un homme
cousu de fric dont elle avait eu un premier enfant...
ainsi qu'une copieuse pension alimentaire à leur séparation. Quant à la suite de la carrière de cette superbe
plante qui aurait cent fois mérité le titre de « Miss Univers de l'ambition », elle est à l'avenant.

Après son premier mariage, elle jette son dévolu sur
Van Damne, dont elle divorce bientôt, en réussissant
la prouesse de lui faire cracher une pension alimentaire
de quelque cent mille dollars mensuels, juste de quoi
se consoler en attendant de retrouver le bonheur
conjugal. Celui-ci arrivera une petite année plus tard,
et cette fois, pour la belle ambitieuse, ce sera le jackpot.
Le nouvel élu n'est autre que Mark Hughes, le big boss
de Herbalife International et le principal partenaire
des Music Awards. À l'époque, les potins financiers

d'Hollywood le créditent d'un revenu annuel d'un milliard et demi de dollars.

Ce milliardaire collectionne les tops models, Darcy est le quatrième qu'il épouse. Mais l'homme n'est pas si bien que cela dans sa peau, semble-t-il. Il fume des havanes à la chaîne avec une fébrilité sidérante et il picole comme un cosaque... Il installe sa nouvelle femme dans sa propriété de Malibu. Un gentil nid d'amour qui ne compte pas moins de trente-cinq chambres et quatorze salles de bains. Dans toutes les pièces et jusque dans le moindre couloir, du mobilier de style et des toiles de maître. Quelques croûtes aussi, mais très chères. Il va sans dire que le domaine s'étend face au Pacifique et qu'il dispose d'une plage privée, d'une piscine à peine plus petite que l'océan lui-même, d'un court de tennis, d'une immense roseraie et d'une belle demeure annexe pour l'été. Pour se déplacer, si Darcy trouve les trois Rolls Royce et les deux Bentley trop encombrantes, il lui reste une modeste Porsche. Bref, par son mariage avec le fumeur de havanes, la bombe de l'Oregon devient l'une des épouses les plus riches de Californie, si ce n'est de tous les États-Unis. Cela dure juste le délai que le destin juge convenable d'observer pour la faire passer de l'état de conjointe à celui de veuve. C'est-à-dire quelques mois.

Un matin, alors qu'il n'a pas dessoûlé depuis des jours et qu'il dort là où il s'est écroulé, dans un canapé du salon, Darcy essaie en vain de réveiller son époux. Elle appelle à l'aide un garde du domaine. Celui-ci ne réussit pas mieux à tirer le bonhomme de son sommeil, pour la bonne raison qu'il est mort... Dose massive de médicaments, des antidépresseurs, des barbituriques mélangés à une dose encore plus massive d'alcool : les autorités concluent au suicide.

Trois mois avant cet ultime cocktail, l'élégant mari a laissé des instructions pour que sa veuve obtienne quelques millions de dollars en cas de malheur. Joli cadeau d'enterrement. Mais Darcy estime que ce n'est pas assez et intente une action en justice pour que la somme soit largement arrondie, ceci afin de lui permettre de maintenir son train de vie pour les quelque quarante-quatre prochaines années. On n'est jamais assez prévoyant.

Fabuleuse Darcy ! Au fond, je l'aime bien. Je l'évoque dans ces pages parce qu'elle me semble être un personnage assez emblématique d'une certaine faune californienne, certes arriviste, cynique, assoiffée de dollars mais dépourvue d'hypocrisie. Tout comme elle, dont le cas frise le summum dans le genre, certes, les filles qui cherchent ouvertement le gros lot en misant sur leurs paires de seins et de fesses sont légion dans ces parages. Les mecs avides et prêts à tout pour la même cause ne manquent pas non plus, d'ailleurs.

En tout cas, dans une telle ambiance, faire durer une relation amoureuse tient de l'exploit, et celle que j'ai avec ma Sirène n'y résistera pas, bien que nous nous soyons mariés entre-temps. Les principes religieux de ma belle l'exigeaient et j'étais assez amoureux pour l'accepter sans l'ombre d'une hésitation.

D'une certaine manière, ma beauté nordique représente un autre archétype américain, celui du rigorisme, de l'ascétisme dévot. Ma Sirène appartient du reste à un mouvement pieux, en fait une secte pure et dure, les *Born Again Christian*.

Un certain temps, ma vie fastueuse et mouvementée l'a intéressée, et je dois dire qu'elle en a bien profité, mais dès que je me suis un peu éloigné d'elle, pour mes escapades « sexe » et aussi pour mon business, j'ai perdu mon emprise et la secte a dû agir dans mon dos pour réaffirmer la sienne.

Aujourd'hui, lorsque je me souviens de ces deux femmes, le volcan Darcy et la prude mystique, je me dis qu'elles sont les deux faces opposées d'une Amérique partagée entre le fanatisme de la foi et l'hystérie inspirée par le dieu dollar. Et je ne suis pas loin de penser que, bien qu'aux antipodes l'une de l'autre, elles incarnent un seul et même danger : rendre la terre d'Abraham Lincoln toujours plus inhumaine, et donc invivable.

Ma Sirène a eu un enfant de moi, une petite fille, Bjorn-Eva. Mais, convaincue désormais que je suis une sorte d'incarnation du diable, elle a coupé les ponts. Au nom d'un Dieu qui me déroute, elle s'est toujours opposée à ce que je voie mon enfant. Néanmoins je me suis débrouillé pour détourner l'obstacle et, plus tard, j'ai pu passer en cachette quelques moments avec Bjorn-Eva. Je n'en dévoilerai pas davantage, je risquerais de gâcher mes chances pour l'avenir.

Il est vrai que je n'étais pas présent lorsque la petite est venue au monde, que je n'ai pas assisté à ses premiers sourires, à ses premiers pas, et c'est un des grands regrets de ma vie. Mais je ne pouvais pas me trouver là, près d'elle. J'étais retenu ailleurs...

– 11 –

LE CIEL SUR LA TÊTE

Je me sens happé par la fournaise. Au restaurant du Mirage, la climatisation m'a fait oublier la canicule du dehors. Le soleil du plein midi cogne dur sur le désert du Nevada. Je n'ai pas trouvé à la langouste géante du Kikomo's son attrait habituel. J'y ai à peine touché. Depuis un moment, je ne suis pas très en forme. Un malaise diffus germe au creux de mon ventre. Quelque chose ne va pas. Quoi ? Je n'en sais rien au juste. Je devrais être calme et je ne le suis pas. Pourtant tout roule pour moi. Bon, j'ai perdu quelques milliers de dollars au jeu la nuit précédente mais je ne vois pas là de quoi me cailler le sang. J'ai encore sur moi assez de billets verts pour offrir de la langouste à tous les gens présents autour de la piscine... Tiens, c'est curieux, il n'y a pas l'affluence habituelle dans les bassins et sous les cocotiers...

Lorsque je sors du Mirage, je ne remarque pas tout de suite que le trafic est plutôt calme sur le Strip, le boulevard central de Las Vegas où s'élèvent les grands hôtels et les casinos. Je chausse mes lunettes noires, le soleil d'acier brûle le regard. J'emprunte l'allée ombragée qui contourne la fontaine monumentale pour rejoindre le boulevard. Le bruit de ses puissants jets d'eau me semble plus assourdissant et plus agressif que d'habitude. Je mets cette impression sur le compte de l'atmosphère lourde de cet après-midi d'enfer et de la faible circulation alentour. Rien n'est cependant comme les autres jours. Je ne croise personne sous l'ombrage de l'allée et dès que j'en atteins l'extrémité, débouchant sur le trottoir du Strip, le ciel me tombe sur la tête. Juste au-dessus de moi, un hélicoptère s'immobilise en vol stationnaire, et je comprends alors pourquoi le bruit des cascades de la fontaine gigantesque m'a paru inhabituel. Mais on ne me laisse pas le temps de m'appesantir sur la question. Je me sens empoigné et avant même que je puisse réaliser ce qui m'arrive, je me retrouve le visage plaqué contre le trottoir brûlant, le canon d'une arme sur ma nuque. Des mains me palpent. Une voix peu amène tonne.

– Un flingue ! Il a un flingue sur lui.

On me déleste de l'automatique discret que je porte à ma ceinture. Ça, c'est mauvais pour moi. Aux States, pourtant, et particulièrement à Las Vegas, il ne viendrait à l'idée de personne de se balader avec des milliers de dollars en poche sans être armé. Tout le monde le sait et l'admet, mais gare à toi si tu te fais coincer avec le joujou ! Quel que soit le délit qu'on te reproche, le poids du flingue alourdit gravement l'addition. C'est l'hypocrisie du système. Les armes de tous calibres sont quasiment en vente libre, mais si tu te fais choper avec le moindre flingue pour un excès de vitesse ou un dépassement intempestif, bingo ! Tu gagnes le gros lot.

Un gars me menotte dans le dos. On me relève. On me pousse, ou plutôt on me porte vers un véhicule de police. Bon sang, il y en a partout. Ils ont sorti le grand jeu. Les types en tenue sont armés de fusils anti-émeutes. Les mecs en civil sont vêtus de sombre et portent des lunettes noires. Facile à décrypter : ici, quand des types habillés en croque-morts n'appartiennent pas à la Mafia, c'est que tu as affaire au FBI.

Gagné, c'est bien le FBI qui a « drivé » l'arrestation, l'hélicoptère et tout. Il ne manque plus que les forces spéciales de la marine dans ce foutu désert ! Je comprends mieux à présent pourquoi il y a si peu de monde à la piscine du Mirage et pourquoi le trafic est si faible sur le Strip. Cent mètres plus haut et plus bas, des bagnoles de police font barrage et filtrent un maximum. Et je conçois que le quidam qui tombe sur tous ces mecs armés jusqu'aux dents décide de remettre à plus tard sa trempette dans la piscine d'un grand hôtel.

Un moment, je veux croire à une méprise. Ce n'est pas possible, on me prend pour un autre. Tout cela va s'arranger en deux temps trois mouvements. Un type qui mâche du chewing-gum comme dans les films de Clint Eastwood me donne lecture de mes droits.

— Vous êtes en état d'arrestation. Vous pouvez

garder le silence. Tout ce que vous direz pourra être retenu contre vous.

Je voudrais ouvrir la bouche pour protester, expliquer qui je suis. Inutile : ils le savent parfaitement. Et ce n'est pas une erreur. Je suis bien le gibier du jour. La preuve, j'entends un inspecteur ordonner aux autres :

— *Well*, maintenant emmenez mister Rocancourt au poste central.

Je tombe des nues. J'essaie de trouver ce que les autorités peuvent avoir contre moi, mais je ne vois rien. Je suis parfaitement clean depuis le premier jour où j'ai posé les pieds aux States. Pas une seule plainte contre moi ! Je crois même que je n'ai pas la moindre contravention en attente de paiement. Rien de rien.

Après m'avoir laissé mariner un paquet d'heures dans une cellule, un officier du FBI m'entend enfin. Ou plutôt, c'est moi qui l'écoute parce que, de toute évidence, ce que je peux raconter ou non ne l'intéresse pas le moins du monde. Lorsque je lui demande ce qui me vaut d'avoir été arrêté en pleine rue comme l'ennemi public numéro un et ce que me reprochent les autorités américaines, il me répond avec flegme.

— Nous rien, mister Rocancourt. On n'a rien contre vous.

Il prend tout son temps pour ouvrir un dossier, et en sort quelque chose que je suppose être un mandat d'arrêt international. Il le lit en silence, comme s'il ne le connaissait pas déjà. Il joue avec mes nerfs. Cela se sent. Mais ça ne marche pas. J'ai posé la seule question qui me préoccupait, maintenant je la boucle et je prends mon mal en patience.

Le flic du FBI consent enfin à éclairer ma lanterne.

— Vous êtes recherché par Interpol. Mister Rocancourt, vous faites l'objet d'une demande d'extradition émise par la Confédération helvétique...

Je n'en crois pas mes oreilles. Voilà qu'on me ressort la sornette genevoise, ma prétendue implication dans le casse d'une bijouterie de la rue du Rhône.

— Hold-up avec prise d'otages, assène le policier, apparemment très content de son petit effet. C'est grave, mister Rocancourt, très grave. Il se peut que la mise en place des formalités d'extradition prenne du temps, mais ne vous faites aucun souci, nous saurons prendre soin de vous. Il nous arrive de nous montrer indulgents pour certains délits, mais rien ne nous révolte plus que la prise d'otages ! Nous autres Américains, nous détestons ces actes de barbarie. Chez nous, cela peut valoir la peine capitale. Vous avez beaucoup de chance d'avoir à rendre des comptes à un pays comme la Suisse. Mais, comprenez-moi bien, mister Rocancourt, ici vous êtes mal, très mal.

Je ne tarde pas à découvrir ce qu'il entend par là. Les autorités US sont toujours très soucieuses de se montrer coopératives avec les pays « amis » en matière de répression et d'extradition. Pas question d'encourir la moindre suspicion de laxisme, de complaisance avec le crime, alors on n'hésite pas à faire du zèle.

Quelques heures après mon arrestation, je me vois transféré dans le quartier haute sécurité de la prison fédérale du Nevada. Plus rien à voir avec le luxe du Mirage. La boule d'angoisse qui m'oppressait et m'empêchait d'apprécier la chair sublime de la langouste était prémonitoire. J'aurais dû écouter la petite voix qui me disait : « Tire-toi d'ici au plus vite, mon petit Rocancourt ! Les ondes sont néfastes ce matin. » Mais je ne serais pas allé très loin. Ignorant qu'on me recherchait, je n'aurais pris aucune précaution particulière et ils m'auraient cueilli n'importe où... Sauf que là, ce n'est pas « n'importe où » qu'ils m'ont « sauté », comme on dit dans le milieu. C'est à Vegas, à la sortie du Mirage et du Kikomo's, alors que je n'y faisais qu'un passage éclair d'une nuit et d'une journée. De toute évidence ils savaient qu'ils m'y trouveraient à ce moment précis.

Qui les a si bien renseignés ? Cette question va m'obséder des jours et des nuits...

Ils m'ont mis nu.

À poil. Des pieds à la tête. Ils te foutent à poil parce qu'ils savent que l'humiliation est bien plus efficace que des coups de poing dans la gueule. Et puis, les beignes laissent des traces. Frapper un prévenu n'est pas conforme à la très humaniste Constitution des États-Unis d'Amérique. L'humiliation, elle, ne laisse pas de marques visibles et la Constitution reste très vague sur le sujet. L'interprétation est donc libre.

La cellule du Q.H.S. n'est rien d'autre qu'un cube en béton. La tablette sur laquelle tu bouffes est en ciment, la banquette où tu dors est en métal, elle te sert aussi de siège pour les repas pris sur la tablette. Et tu es là, nu. Oui, nu, sous la surveillance permanente des caméras, car la cellule est éclairée vingt-quatre heures sur vingt-quatre. Si on a à te parler, on le fait par interphone ou par écran télé. Le contact humain devient virtuel, irréel, et toi, jour après jour, tu régresses, petit asticot dénudé sous l'œil sadique de la télésurveillance. Combien de temps faut-il de ce régime pour que tu ne sois plus tout à fait un homme ?

Dans mon cube en béton, je ressasse l'histoire de fou qui m'y a conduit : le casse de la bijouterie Bucherer, rue du Rhône, à Genève, en septembre 1991. Braquage aggravé d'une prise d'otages puisque les propriétaires ont été séquestrés une nuit entière avant d'ouvrir sous la contrainte les coffres et les vitrines blindées. Et je serais mêlé à cela ! Si je n'étais pas à poil dans mon conteneur en ciment, je hurlerais de rire. Parfois, la révolte en moi est si forte que j'ai envie de leur jeter à la figure cette vérité arrogante mais simple : « Quand on est capable de faire avaler au "tout-L.A." qu'on est le fils du célébrissime producteur Dino De Laurentiis, comment pourrait-on s'abaisser à saucissonner un couple de commerçants pour le piller ? » Ça ne ressemble à rien. En tout cas pas à moi. Pas à Rocancourt. Je ne joue pas dans cette catégorie. Je ne l'ai jamais fait et je ne le ferai jamais.

Mais comment pourrais-je espérer convaincre un gros œil de caméra ?

Au Q.H.S., on ne voit un être humain que deux fois par jour, pour ce que, par pure convention, on appelle le repas. La seule qualité qu'on puisse reconnaître à cette bouffe, c'est son absence de saveur. Elle n'est ni répugnante ni vraiment comestible, elle n'est rien. Le gardien passe et file la ration sans dire un mot. Il n'empêche : on ne s'habitue pas à être à poil devant un mec habillé, même s'il porte un uniforme de maton. Non, on ne se fait pas à cette humiliation bi-quotidienne.

Un jour, un gardien s'attarde devant ma cellule. Il me regarde longuement sans parler. Je suis dans l'attitude de prostration que je m'impose la plupart du temps, assis sur le lit, recroquevillé dans une position quasi fœtale, les genoux sous le menton comme si je voulais à la fois faire le dos rond et cacher ma nudité. Je crois que le maton cherche à me charrier ou à me provoquer. Je ne bronche pas. Après un interminable silence, il m'adresse la parole sur un ton d'humanité dont j'ai perdu l'habitude :
— Tu veux lire, mec ?
Je le regarde. Il n'a pas l'air de se foutre de moi.
— J'ai le droit de lire ici ?
— Je te demande si tu en as envie...
— Si c'est possible, oui. Oui, évidemment.
Il plonge la main dans la poche arrière de son pantalon, en sort un livre qu'il me passe à travers la grille.
— Ça te fera peut-être du bien, mec.

J'hésite à quitter le lit et ma position de repli pour me lever et aller prendre le livre. Je me saisis tout de même du bouquin et le gars passe son chemin. Le volume est une biographie du pasteur Martin Luther King. Je connais le personnage de nom, bien sûr, et j'ai une vague idée du symbole qu'il représente pour la communauté black, mais c'est tout. J'ignore les détails de sa vie, de son action, alors je me plonge dans la lecture. Je dévore le bouquin en quelques heures, et je le lis de nouveau. Je suis fasciné, transporté. Je reviens sans cesse sur les pages qui reproduisent le fameux discours que le pasteur charismatique a prononcé une vingtaine d'années plus tôt devant le monument dédié à Abraham Lincoln, à Washington. Ces mots ont fait le tour de la planète : « Je fais un rêve... », « *I have a dream...* ». Le rêve d'une Amérique fraternelle où « les petits garçons noirs et les petites filles blanches pourront se donner la main comme frères et sœurs ». Je relis aussi les passages reprenant ses écrits de prison. J'apprends qu'on l'a incarcéré pour avoir organisé le boycottage des transports en commun après l'arrestation d'une femme noire qui avait refusé de laisser sa place de bus à un homme blanc. Des phrases telles que « Nous devons rester debout au milieu de la nuit », ou encore celle-ci, prononcée la veille même de son assassinat, « Je n'ai peur de rien. Je n'ai peur d'aucun homme », lues en prison, dans l'adversité et la solitude morale, sont une magnifique leçon de sérénité et de courage.

221

Recroquevillé sur moi-même, je me laissais aller, je m'enfonçais jour après jour dans l'abandon et la déprime. Je peux dire que le message de Luther King m'a sorti du trou. Après cette lecture, je n'ai plus jamais été le même. C'est à ce moment-là que j'ai commencé à faire des pompes au mitard pour m'entretenir physiquement et mentalement. Sans le gardien qui faisait passer le bouquin de cellule en cellule, sans Luther King, je serais sorti brisé de l'épreuve. Je pense que c'est précisément ce que mes geôliers cherchaient : livrer aux Suisses un Rocancourt laminé, usé, cassé et bien docile qui dirait oui à n'importe quoi et qui signerait tous les aveux qu'on voudrait bien lui fourrer sous le nez.

Il se passe près de six mois avant qu'on me jette dans un avion, en bagage accompagné cela va sans dire, à destination de la Suisse. Menottes aux poignets jusque dans la cabine, deux agents du FBI comme nounous, et à l'arrivée, tout un détachement de la police helvétique et un convoi sirène hurlante pour me conduire dans ma nouvelle prison. Cellule plus vétuste, mais impeccable – on n'est pas en Suisse pour rien –, et pas d'humiliation inutile. Cela mis à part, rien n'est véritablement différent. Sauf l'accent traînant des geôliers et l'indolence avec laquelle ils font les choses, cette apathie toute helvétique qui masque en réalité un redoutable sens de l'efficacité.

Les policiers m'interrogent non-stop. Cela dure des jours et des jours. Sans cesse, ils reviennent sur les mêmes questions, les mêmes détails de l'affaire. Je n'ai rien à leur dire et pour cause : je n'ai jamais été mêlé de près ou de loin à ce maudit braquage genevois. Je me trouvais bien en Suisse au moment où il a été commis mais c'est vraiment tout ce qu'on peut me reprocher.

Les Suisses ont lancé le mandat Interpol à mon encontre sur la base d'une intuition policière délirante. Ils étaient même persuadés que je m'étais enfui aux États-Unis en emportant le butin. On croit rêver ! Ainsi donc, j'aurais pris l'avion à Bonn sans bagages, mais bourré jusqu'à la gueule de quelque trois millions de francs en montres de luxe et en bijoux ! Ou bien, si je ne les cachais pas sur moi, ces babioles plutôt voyantes, je me les serais envoyées par la poste, par exemple. Et les douanes n'y auraient vu que du feu ? Et je les aurais récupérées à L.A. sans problème ? Dans une ville inconnue où je n'avais ni contact ni adresse... Et pour finir, j'aurais disposé là-bas d'un magot dont les enquêteurs du FBI n'ont pas réussi à trouver la moindre trace à Los Angeles ou ailleurs aux États-Unis au cours des investigations qu'ils ont conduites tandis qu'ils me tenaient enfermé dans leurs catacombes de béton. Élémentaire, non ?

Les flics suisses sont méticuleux et patients. Ils vérifient le moindre détail, recoupent toutes les informations, tous les témoignages, et ils ne tardent pas à réaliser qu'ils se sont totalement trompés.

Ils m'ont tout de même gardé huit mois. Ils ne pouvaient faire moins après avoir lancé contre moi un mandat international pour « braquage avec prise d'otages » et m'avoir affublé du label discutable d'« individu dangereux ».

Un jour enfin, lavé de tout soupçon, je vois les portes des geôles helvétiques s'ouvrir devant moi. Mais aussitôt celles des prisons françaises se referment sur le même bonhomme, car les autorités hexagonales, alertées par le tapage médiatique de mon extradition en Suisse, se sont souvenues que, en filant à l'anglaise pour les States et en ne me présentant pas aux contrôles réglementaires, j'avais contrevenu à mes obligations de libéré conditionnel dans l'affaire du faux acte de propriété concernant la pseudo-cession de l'appartenant du XVIe arrondissement à l'infortunée Henriette. La France a donc fait valoir auprès de la Suisse une seconde demande d'extradition.

C'est ainsi que je retrouve mon pays d'origine. De nouveau, je suis emprisonné. Une pure formalité pour les autorités judiciaires qui entendent seulement ne pas paraître laxistes sur le respect des procédures : cela me vaut tout de même quelques mois derrière les barreaux de la Santé.

Lorsque j'en sors, je me sens dans la peau d'un fauve. Mais un fauve paisible, assez sûr de sa force pour se dispenser de haine. Rien ne peut plus vraiment m'atteindre.

Non, plus rien... depuis le jour où, au détour d'un interrogatoire, j'ai compris que la personne qui a si bien renseigné le FBI pour mon arrestation à Las Vegas n'est autre que ma Sirène, ma femme, la mère de l'enfant qu'elle portait alors.

Bien sûr, je n'ignore pas que tôt ou tard le FBI m'aurait mis la main dessus, que ce soit à Vegas ou ailleurs, mais ce n'était pas à elle, mon épouse, de les y aider. De mon point de vue, ce qu'elle avait à répondre aux policiers venus me chercher lorsqu'ils lui ont demandé « Où se trouve mister Rocancourt ? » c'était tout simplement : « Je n'en sais rien. » Puis elle se débrouillait pour me faire savoir par l'intermédiaire d'une de nos nombreuses relations que le FBI me courait après et j'avais alors la possibilité de me retourner, de m'assurer les services d'un avocat, de prendre connaissance des griefs. Bref, je pouvais me battre et surtout on ne m'aurait pas arrêté comme un terroriste, en pleine rue, et armé d'un flingue, ce qui a justifié dans une très large mesure le traitement que j'ai subi par la suite !

Quand j'ai réalisé que la trahison venait de là, alors oui, vraiment, je me suis dit que rien ne pourrait plus m'atteindre.

Lorsque je quitte la prison française, je ne nourris pas d'inquiétude particulière. Malgré les péripéties judiciaires, j'ai de côté de quoi voir venir. Il me suffit de sauter dans un avion à destination de L.A. pour renouer avec le train de vie fastueux qui était le mien le jour de mon arrestation.

Néanmoins, je m'interdis de quitter la France sans être retourné en Normandie. Cette fois, il ne s'agit pas d'une escapade de frimeur au volant d'une Porsche pour épater une belle maîtresse mais d'un pèlerinage du souvenir, ou mieux encore d'une tentative de sauvetage.

Mon père ! Je veux retrouver mon père et lui dire que les galères, la misère, tout ça c'est fini. Son fils est là. Avec assez de thune pour que son vieux n'ait plus jamais froid ni faim et surtout pour qu'il ne se sente plus jamais humilié. L'humiliation, je sors d'en prendre. Je sais ce que c'est. À l'époque, quand j'entends la chanson *Mon vieux*, que Jean Ferrat a écrite pour Daniel Guichard, j'ai des frissons dans le dos. Histoire banale et terrible : celle d'un père et d'un fils qui n'ont jamais su se dire qu'ils s'aimaient. « Dans son vieux pardessus râpé, c'était la graine qu'il allait gagner, mon vieux », les paroles m'échappent aujourd'hui, mais je me souviens de la fin : « Quand on a juste quinze ans, on n'a pas le cœur assez grand pour y loger toutes ces choses-là. » « Ces choses-là », ça veut dire l'amour.

Alors papa, je voudrais le retrouver seul, sans personne, sans la famille ou ce qu'il en reste, sans avoir à répondre aux questions qu'ils voudront me poser parce qu'ils auront lu dans les journaux les vérités ou les conneries qu'on déverse sur mon compte. Non, je veux renouer avec mon père à la sortie d'un bar, au coin d'une rue, à la débauche d'un chantier où il bosserait.

Je veux vivre cet instant-là face à face avec lui, sans trémolos, avec le moins d'effusions possible. Lui dire simplement : « Pose ton fardeau, on se tire d'ici. J'ai du soleil pour toi. J'ai ce que tu n'as jamais eu, ce que tu n'as peut-être jamais mérité, mais de cela je me fous. Je l'ai, je te le donne. »

À Pont-Audemer, la rumeur des bars miteux me dit de chercher du côté de Lisieux. Va pour Lisieux. Quant à la femme avec laquelle papa s'était imaginé refaire sa vie, impossible de mettre la main sur elle. Elle aussi, comme ma mère, a dû aller se faire voir ailleurs, sous des cieux supposés plus cléments.

Je n'ai pas oublié que lorsque son désarroi ne conduit pas mon père dans les bistrots, il le pousse vers les églises. Je fais donc avec constance tous les bistrots et toutes les églises de la ville. Personne ne semble avoir vu l'homme que je décris, ni se souvenir de son nom, de ses bagarres, de ses cuites phénoménales. Je comprends au bout de quelques jours que s'il avait encore un boulot quelconque, j'aurais déjà retrouvé sa trace d'une manière ou d'une autre. J'en déduis que le naufrage est pire que ce que je redoutais. Je cherchais au plus bas étage de la société, il faut envisager les catacombes, là où crèvent ceux qui n'ont plus rien. Je questionne les SDF, sans succès. Ils sont pleins de bonne volonté et ne demandent qu'à me dire des choses que j'aimerais entendre, mais cela ne mène à rien. Je tourne en rond. C'est l'hiver, nous sommes en décembre. Sans chercher à savoir si ce que j'entre-prends a la moindre chance d'aboutir, je me pose chaque jour sur un banc, et j'attends. Le plus souvent, c'est devant la cathédrale Saint-Pierre, là où sainte Thé-rèse de Lisieux a eu la révélation de sa vocation, que je reste assis le plus longtemps possible, malgré le froid... La silhouette voûtée qui s'avance si lentement, là-bas, peut-être est-ce lui ? Combien de fois mon cœur n'a-t-il pas bondi devant un pauvre bougre qui ne fai-sait que passer...

Au bout d'une dizaine de jours, je me rends à l'évi-dence. Je ne cherche pas au bon endroit. Alors, je me résigne à me rendre à Conteville et à appeler la famille à la rescousse. J'aurais préféré ne pas avoir à le faire, mais je ne vois aucune autre possibilité.

Ma grand-mère est toujours là, fidèle au poste. La revoir me bouleverse. Elle a vieilli, bien sûr, mais il n'y a pas que cela. Elle a de la tristesse dans le regard. Mon grand-père gitan n'est plus de ce monde depuis plu-sieurs années, le voisin anglais et ses livres sont repartis en Angleterre, plus rien n'est comme avant. Ma grand-mère, jadis si vaillante, si ardente à vivre, me paraît lasse. Elle me parle et je retarde le moment de lui poser la question qui m'amène à elle.

Soudain, elle me regarde droit dans les yeux.

— Je sais ce que tu es venu chercher, mon petit. Ton père...

— Oui. Papa.

— Il est parti, lui aussi. Oui, il est mort. Un soir d'hiver comme celui-ci, à Lisieux, voilà trois ans.

Je ne montre rien de ma détresse. Après un temps, je pose des questions. Mort ? Où ? Comment ? De quoi ?

— Il est mort sur un banc, me révèle ma grand-mère... De froid sans doute, et de faim, est-ce que je sais ? On l'a trouvé sur ce banc, devant la cathédrale...

Je reste muet, le sol se dérobe sous moi, ma vue se brouille. Le banc où pendant des heures, quotidiennement, j'ai espéré voir mon père venir enfin vers moi, est celui-là même sur lequel il a fini ses jours.

– 12 –

L'ENFANT ROI ET LE BUTIN ASIATIQUE

Mon visiteur me regarde comme si j'étais un extra-terrestre. Benny, le garde du corps que je viens d'engager, le conduit de la sortie de l'ascenseur au salon-bureau où je traite certaines de mes affaires. Le type n'en revient pas. Il découvre le dernier étage de l'hôtel. Pas n'importe quel hôtel, le Beverley Wilshire, celui où a été tourné le film *Pretty Woman*, avec Julia Roberts et Richard Gere dans les rôles principaux. L'un des palaces les plus prestigieux de la ville et de toute la côte Ouest, l'équivalent du Ritz à Paris ou de l'hôtel de Paris à Monte-Carlo.

C'est là que je vis à présent. J'occupe à l'année plusieurs suites, en fait presque tout le dernier étage. Une partie de ce niveau est en travaux. Mon visiteur s'imagine que je suis en train de tout refaire à mon goût et que les centaines de milliers de dollars de cette rénovation sortent de ma poche. En réalité, ces aménagements sont voulus et financés par l'hôtel dont le directeur, un de mes bons amis, me permet d'occuper cet étage pour un prix très inférieur au tarif normal. Qu'importe ! Les gens qui se précipitent vers moi pour faire du business n'y voient que du feu. Mieux encore, certains d'entre eux repartent en étant persuadés que je suis en passe de racheter le palace. Je laisse dire...

Mon interlocuteur me parle de son affaire, évoque un classique besoin de fonds sur lequel je vais prendre ma non moins classique avance de 10 %. Nous tombons d'accord sur tout. Cela mérite bien un peu de champagne. Le gars se détend et me confie enfin ce qui le titille depuis son arrivée.

— Pour accéder jusqu'à vous, il faut signer un registre spécial, en bas, à la réception...

— Oui. J'y tiens. Question de sécurité.

— Bien sûr, je comprends. D'ailleurs, en signant ce registre, j'ai pu voir le nom de quelques-uns de vos visiteurs. Je ne voudrais pas me montrer indiscret, mais lorsque mes yeux sont tombés sur celui de Germaine Jackson, j'ai eu un choc... Il s'agit bien de... du...

— Du chanteur, oui. Son frère Michael et lui sont mes amis. Germaine vient souvent ici. Il aime beaucoup faire des emplettes à la boutique de l'hôtel.

Le visiteur esquisse un sourire de connivence, et je me dis : « En voilà encore un à L.A. qui s'imagine que je suis le propriétaire de cette boutique, probablement la plus luxueuse et la plus tendance d'Hollywood. » En fait, elle appartient à l'un de mes amis, Henri, un homme d'affaires d'origine belge, mais c'est moi qui en ai eu l'idée.

Henri souhaitait investir dans le commerce très haut de gamme et cherchait à s'implanter dans le fameux « *Corner of power* », le sanctuaire chic de Hollywood où se trouvent concentrées les grandes marques et les griffes prestigieuses. C'est là qu'il faut être absolument, mais dix années peuvent s'écouler sans qu'on ne voie se libérer le moindre mètre carré.

Alors, une idée de folie m'est passée par la tête. Et cette idée, je vais peu à peu l'inoculer à un autre de mes bons amis, le directeur de l'hôtel en personne. Il s'agit ni plus ni moins de casser le célèbre bar du Beverley Wilshire pour le remplacer par la boutique prestige d'Henri. Une révolution ! Je fais miroiter le chiffre d'affaires réalisable dans un tel endroit, le crédit d'image que la présence des griffes les plus recherchées de la planète ne manquera pas de générer. Et le projet fait son chemin... Le directeur finit par en parler au propriétaire du palace, un milliardaire de Hong-Kong qui, après réflexion, dit « O.K ». C'est parti ! Henri lâche les millions nécessaires, me verse une commission confortable, rétribue au passage le directeur du palace, et quelques mois plus tard, la boutique est inaugurée au cours d'une fête grandiose. Tout Hollywood est là... Et, mieux encore, tout Hollywood continuera de venir faire ses emplettes ici. La boutique est donc d'emblée un grand succès. Alors qu'il faut parfois quinze ou vingt ans pour qu'un endroit devienne mythique, l'enseigne d'Henri réussit cette prouesse en moins d'une année.

Conséquence logique, le chiffre d'affaires s'envole et représente bientôt le quadruple ou le quintuple de celui du défunt bar, pourtant non négligeable. Pour moi, c'est tout bénéfice. Mon crédit dans la place et ma réputation de magicien du business s'en trouvent renforcés.

Bien entendu, mes relations personnelles profitent de tarifs préférentiels et comme j'adore couvrir mes amis de cadeaux, je n'ai pas à aller chercher bien loin pour leur faire plaisir. Germaine Jackson est un des clients les plus assidus de la boutique. Il ne s'y rend jamais sans monter me rendre visite. On nous a présentés l'un à l'autre un soir dans un restaurant et nous avons tout de suite sympathisé.

C'est ainsi que je fais bientôt la connaissance d'une proche des frères Jackson, Léia Dabani-Bongo, la fille du président africain Omar Bongo. Une jeune femme adorable, très riche et pourtant d'une belle simplicité. Elle et moi, nous nous entendons bien et nous devenons très vite amis. De bons amis, rien d'autre.

Un jour, alors que je converse avec Léia et Germaine — étrange prénom de garçon pour nos oreilles de Français ! —, une idée me traverse l'esprit. Nous sommes suffisamment complices, Germaine et moi, pour que je me permette de l'exprimer sans détour :

— Germaine, s'il y a un nom qui bénéficie d'un retentissement planétaire, c'est bien le vôtre, celui des frères Jackson. Le monde entier vous connaît et vous aime. Imagine que nous mettions sur le marché un parfum portant ce nom ! Je suis certain que nous ferions un carton sur les cinq continents. Ce serait un parfum tonique, sensuel et dense comme votre musique.

Léia est emballée et Germaine se laisse vite convaincre de la valorisation en terme d'image qu'un parfum à connotation frenchie pourrait leur apporter, à lui et à ses frères.

Dès le lendemain, je me mets au travail. Je finance personnellement les premières avancées et il est bientôt de notoriété publique à L.A. comme à New York ou Miami que Germaine et moi sommes associés dans un business. Cette fois, ce n'est pas une invention. Plus tard, mes ennemis ont tenté de faire croire que j'ai inventé ce partenariat flatteur de toutes pièces, mais ils se sont vite déballonnés. Je détiens en effet un écrit signé de la main même de Germaine qui officialise notre accord et, de plus, mon ami a parlé de moi en employant le terme « associé » au cours de certaines interviews accordées à des médias importants.

Néanmoins, l'affaire tourne court au bout de quelques semaines. Michael, le « grand » frère, fait machine arrière. Il décrète que le nom de Jackson n'est pas une bonne idée pour un parfum. Michael est une immense star, et, conforme en cela à la légende selon laquelle les monstres sacrés ne sauraient résister au caprice du moment, il lui arrive d'avoir des lubies soudaines et des reniements tout aussi surprenants. Il n'y a pas à discuter. Et je ne discute pas. Michael est mon ami, je respecte sa décision...

Par la suite, lorsque je serai dans les ennuis jusqu'au cou, mes détracteurs auront beau jeu de prétendre qu'il a quitté le navire parce qu'il s'est méfié de moi. Stupidité. Une de plus. La preuve, Michael et moi sommes restés très proches malgré cet incident de parcours. Quand lui-même a eu les embarras judiciaires dont on a tant parlé récemment, de là où je me trouvais, au pénitencier, je lui ai fait savoir que je ne l'oubliais pas et que je lui conservais ma confiance.

Léia est déçue, bien entendu. Elle croyait beaucoup à ce business et elle a dû essayer tous les parfums de la Terre à la recherche de la fragrance idéale. Elle a parlé du projet à ses relations, et Dieu sait qu'elle connaît du monde, Léia ! Dans tous les milieux, la mode, la politique, la finance, la diplomatie, le show-biz, et même l'administration américaine.

D'ailleurs, c'est au cours d'une conversation à bâtons rompus au sujet de ses réseaux d'amitiés que j'apprends qu'elle compte parmi ses connaissances deux fonctionnaires peu scrupuleux auprès desquels il n'est pas impossible, contre une coquette enveloppe, de se faire délivrer un faux passeport américain. Un « faux vrai » passeport en réalité, puisque le document qu'ils sont en mesure de procurer est authentique.

Me dire une chose pareille, à moi ! De cet instant, je n'ai plus qu'une idée en tête : obtenir un passeport US à mon nom ! Christopher Rocancourt « citoyen américain » : le summum de mes rêves ! J'admire tellement ce pays, malgré toutes ses contradictions, je l'aime si fort que, pour moi, porter contre mon cœur un papier officiel me disant citoyen des États-Unis d'Amérique est aussi beau que recevoir la Légion d'honneur pour un brave petit soldat de deuxième classe. Rien ne peut me rendre plus heureux. Car c'est bien par amour, par passion pour cette terre de conquête et de liberté que j'ai commis la folie du passeport, et non, comme on le colportera par la suite, par malveillance.

Si le mot harcèlement signifie quelque chose, je lui donne tout son sens auprès de Léia pour qu'elle m'obtienne ce document mythique. Elle rechigne, hésite, refuse. Je ne la laisse pas en paix. Cent fois, mille fois, je reviens à la charge.

— Léia, je t'en prie à genoux, fais de moi l'homme le plus heureux de la terre ! Procure-moi ce passeport.

Je vais même jusqu'à feindre de me brouiller avec elle. Je lui ferme ma porte, je refuse de la prendre au téléphone.

— Non Léia, ma chérie. Je t'aime beaucoup, mais je ne veux pas t'entendre et je n'ai rien à te dire. Si tu veux renouer avec moi, il y a un préalable et tu sais lequel.

Odieux ! Je me suis montré odieux, jusqu'à ce que l'adorable Léia accepte enfin de s'entremettre. Ce jour-là, je lui aurais offert la statue de la Liberté et la lune en prime si elle me l'avait demandé !

Quelque temps plus tard, le soir où elle me remet le précieux sésame, je crois bien que je me détourne pour pleurer. J'en suis même sûr ! Je suis aux anges. Je me sens non pas un autre homme, mais grandi.

Bien sûr, je suis à mille lieues d'imaginer combien d'embarras cette folie va me causer...

Mes villégiatures forcées en Suisse et en France m'ont tenu éloigné de Los Angeles un peu plus de dix-huit mois. Or, si extraordinaire que cela puisse paraître, personne ne vient s'étonner devant moi de mon absence ni me demander la moindre explication. Certains savent plus ou moins que j'ai traversé une période un peu trouble, d'autres restent persuadés que je suis allé faire du business en Europe ou en Asie, mais personne ne va chercher plus loin et cela me satisfait pleinement.

Mes amis d'avant restent mes amis présents : Van Damme, Glenn, Rourke, tous les autres et même Darcy. Mon train de vie ne fait que croître et embellir. Dans le parking intérieur du Beverley Wilshire, quelques places me sont réservées. Pas moins de quatre. Une pour ma Ferrari, une pour mon Aston Martin, une pour ma Jaguar et enfin une pour mon Hummer, la version civile et très mode du 4 × 4 de l'armée américaine.

On peut dire que les choses vont plutôt bien pour moi. Hélas, cela marche un peu moins fort pour mon copain Mickey Rourke. Il broie du noir. Le cinéma ne le courtise plus autant. On peut même carrément dire que le gratin hollywoodien lui fait la gueule.

Un soir tard, nous sommes seuls lui et moi dans ma suite. Benny est parti faire le beau à Santa Monica au volant de ma Jaguar. Mickey se tient face à moi, avachi dans un canapé. Il n'a pas le moral. Il boit sec. On dirait qu'il ne s'est pas peigné depuis quinze jours. Il porte un pull sans forme aux motifs ridicules. Son pantalon, trop grand, glisse sur ses hanches. Ce n'est pas une star que j'ai devant moi mais un type aigri, plein de ressentiment et sans force intérieure. Il est fou furieux. Il en veut à la Terre entière, surtout à ce coin de l'univers qu'on appelle Hollywood. Il ne lui vient pas à l'idée de s'en prendre à lui-même. Mickey est un vrai artiste. Il marche à l'instinct, lui aussi. D'un caractère difficile, imprévisible et doté d'un ego titanesque, il ne s'embarrasse pas de précautions pour envoyer paître les uns et les autres, si importants soient-ils. Il dit ce qu'il pense, même s'il ne le pense plus cinq minutes plus tard. Ses foucades, ses paroles assassines, ses caprices lassent. Il sait mieux que quiconque se rendre insupportable et si l'on ne fait pas l'effort de comprendre que ses excès sont en vérité l'expression d'une sensibilité à fleur de peau, on passe à côté de cette richesse : on se détourne.

Et, de fait, à ce moment-là, Hollywood se détourne de plus en plus de lui. Ce soir-là, sur le canapé, il laisse son désarroi s'exprimer. Naturellement, il se refuse à voir sa part de responsabilité dans l'affaire. Moi, je pourrais la lui suggérer. Je suis très tenté de me lever et de lui lancer à la figure la vérité des vérités, à savoir que s'il commençait à cesser d'humilier ou d'agresser tout le monde pour un oui ou un non, les choses iraient mieux pour lui, mais je me retiens. Ce n'est pas quand un homme est en train de se noyer qu'il convient de l'engueuler parce qu'il n'a pas appris à nager. Il faut juste lui lancer une bouée.

J'écoute patiemment Mickey. Je ronge mon frein. Je ne peux pas accepter l'idée qu'un acteur de cette dimension puisse voir sa carrière décliner parce qu'il ne sait pas mettre les formes dans ses relations professionnelles. Non seulement ce serait injuste, mais ce serait surtout un immense gâchis. Cette nuit-là, devant cet ami blessé, devant la star minée par le doute, je suis bouleversé. Pourtant je sens qu'il suffirait de peu de chose pour que le grand Mickey Rourke retrouve sa superbe et reprenne confiance en lui.

Benny vient de rentrer de sa virée nocturne en Jaguar. Il montre le nez pour me demander si j'ai besoin de quelque chose. Je n'ai besoin de rien. Benny a débarqué un jour dans mon paysage avec une pauvre valise à la main. Ex-militaire dans l'armée algérienne, il a été ensuite portier au Palace où, fatalement, nous nous sommes croisés au cours de mes années parisiennes. Puis, aux États-Unis, il a fait office d'homme à tout faire au service de Michel Polnareff avant de se retrouver sur le sable. Donc je l'ai pris avec moi. Il me rend des services, je le paie et tout va bien. « J'ai aidé Benny, cela ne fait aucun doute », me dis-je pendant que Mickey se ressert un verre.

C'est alors que surgit en moi une pensée toute simple : pourquoi ne pas aider Mickey, lui aussi ? Au moins essayer ? Mais oui, c'est l'évidence même.

Mickey a besoin qu'on lui fasse confiance. Ces temps-ci, Hollywood ne lui propose plus rien qui soit à sa mesure. Moi, je vais prendre le relais et nous allons leur montrer de quoi nous sommes capables.

Je commence par faire jouer tous les contacts que j'ai noués dans le monde du septième art à Hollywood. Je découvre bien vite que le système est verrouillé au-delà de ce que je pouvais imaginer. Je frappe en vain à la porte d'un monde sans pitié. Ceux-là mêmes qui, deux ans plus tôt, portaient Mickey aux nues semblent avoir oublié jusqu'à son existence.

Face à ce mur, je reprends une idée qui m'a effleuré à plusieurs reprises lorsque j'étais en prison en Suisse. Une idée simple, qui me semble s'imposer d'elle-même au moment où il y a urgence à venir au secours d'un ami acteur : puisque tout le monde à L.A. s'ingénie à voir en moi un producteur, pourquoi ne pas le devenir pour de bon ?

De soir en soir, Mickey s'avachit un peu plus dans le canapé. Il a son compte de cafard, d'amertume et d'alcool. Et il parle, et il parle... Un jour, quand enfin il se tait, peut-être soulagé d'avoir pu se défouler en toute liberté, je lui dis simplement :

— Mickey, je suis ton ami. Si je peux faire quelque chose pour toi, je le ferai. Est-ce que tu portes un film en toi en ce moment ?

— Oui, je tiens une histoire. Une histoire qui me ressemble...

Il veut me la raconter. Je l'arrête. Ce n'est ni le moment ni l'endroit. Surtout, je ne pense pas que Mickey ait la force d'aller au bout de son récit ce soir.

— Si tu tiens ton scénario, écris-le, lui dis-je. Pour le reste, je m'en occupe.

À l'instant où je prononce ces mots, je ne réalise absolument pas à quoi je m'engage. Mais je suis sûr d'une chose : j'ai promis et je tiendrai ma promesse. Je vais donc produire un film dont Mickey Rourke sera à la fois le scénariste et la vedette. Rien que ça !

Trois mois plus tard, j'ai dépensé dans cette histoire près d'un demi-millions de dollars. J'ai financé toute une campagne de pré-promotion pour convaincre des investisseurs de me rejoindre, et j'y suis en partie parvenu. Je me suis assuré le concours d'un metteur en scène réputé. J'ai offert des dizaines de cocktails, de dîners, de soirées, de week-ends de rêve pour étoffer l'affaire et entretenir l'intérêt. Le fameux *teasing*, comme on dit aujourd'hui, y compris de ce côté-ci de l'Atlantique. Et je passe sous silence les allers et retours Los Angeles - New York pour négocier avec le réalisateur, qui vit et travaille là-bas.

Alors que je peux croire l'affaire bien engagée, nous nous rendons à New York, Mickey et moi, pour une nouvelle rencontre avec le metteur en scène. Dans mon esprit, c'est la dernière entrevue avant le grand jour, le début du tournage.

Tout se passe bien. Mickey parvient à se tenir à peu près correctement. J'offre des dîners fastueux, des sorties amusantes. Je ne recule devant rien pour qu'entre mes deux artistes l'entente soit parfaite. Je suis serein, la mayonnaise semble devoir prendre, il ne reste plus qu'à laisser s'exprimer l'essentiel, c'est-à-dire le talent de l'un, le génie de l'autre.

Sans doute ne suis-je plus aussi vigilant qu'il le faudrait car un soir, autour d'un verre, alors que nous parlons de tout autre chose que du film, le réalisateur laisse tomber la petite phrase qui tue :

— Bon, tout est OK sur le scénario. Mais il est clair qu'il faut revoir deux ou trois détails. C'est indispensable si l'on veut vraiment frapper un grand coup.

À la seconde où j'entends ces mots, je me crispe comme un chat prêt à bondir. La réaction de Mickey ne se fait pas attendre :

— Pas une ligne, pas un mot ! Tu ne changes pas un mot, pas une ligne du scénario que j'ai écrit, tu comprends ça, mec ?

Non, l'autre ne comprend pas. Il campe sur ses positions. Il insiste. Il argumente. Il faut améliorer ceci ou cela, rien en fait, des broutilles, des éléments insignifiants. Il s'y accroche par vanité d'artiste, pour pouvoir se dire qu'il a eu son influence sur le sujet. Mickey ne veut rien entendre. On passe du différend artistique à l'invective. J'évite de peu la bagarre.

Par acquit de conscience, je tente une médiation. Mais je suis sans illusion. Dès les premiers affrontements, j'ai compris que le projet venait de sombrer.

Voilà, j'ai mis un demi-million dollars sur la table pour finir par les perdre au poker de la susceptibilité. J'en hurlerais de dépit si je n'avais pas le sens du jeu. Aujourd'hui, j'en ris... Sauf, bien sûr, quand je lis des titres d'articles du genre : « Rocancourt, l'arnaqueur des stars ». Une nouvelle fois je tiens à clamer que cette accusation est la plus ignoble de toutes celles que j'aie eu à affronter.

Encore aujourd'hui, après cinq ans de pénitencier, bardé de toutes les cicatrices qu'une telle épreuve ne manque pas de laisser, c'est ce mensonge-là qui me donne la nausée.

Lorsque je retrouve L.A. après cet échec cuisant, j'ai un goût amer dans la bouche. J'ai voulu croire au masque que je me suis octroyé, celui de producteur, et je me suis planté. J'ai voulu faire une exception à ma règle personnelle : « Duper le cupide qui est devant toi sans jamais être la dupe de toi-même ». Cette exception, je la paie au prix fort. Mais j'ai compris la leçon. On ne m'y reprendra pas.

Cependant, mon dépit est de courte durée car rien ne peut assombrir le bonheur qui est le mien, depuis quelques mois déjà.

Pia est entrée dans ma vie.

Nous nous sommes rencontrés dans un restaurant. Philippine par son père, Américaine par sa mère, Pia est tout ce que je ne suis pas. Issue d'une excellente famille où l'on compte des diplomates et des personnages influents, elle est posée, rationnelle, toujours d'humeur égale et même si elle a été playmate et comédienne, les paillettes et le monde artificiel du show-biz ne l'intéressent pas vraiment. Elle est d'une autre trempe et elle a trop de belles choses en elle pour se satisfaire de n'être qu'une image sur papier glacé. Sa présence m'a toujours rassuré. Je crois que Pia est la personne la plus solide, en tout cas la plus fiable qui ait partagé ma vie. Je l'ai tout de suite aimée.

Après l'avoir croisée au restaurant, je lui ai fait parvenir chaque jour des bouquets de fleurs jusqu'à ce qu'elle finisse par baisser sa garde. J'aurais mis des années pour y parvenir s'il l'avait fallu.

Dieu que nous avons été heureux ensemble ! Nous vivions au Beverley et nous passions des moments délicieux à rire, à discuter, jusqu'à ce que d'irrépressibles élans de tendresse nous jettent dans les bras l'un de l'autre.

Nous nous sommes mariés en 1996 et, un an plus tard, Pia me donnait un fils. Je l'ai appelé Zeus, comme le dieu des dieux de la mythologie grecque parce que pour moi mon fils ne peut qu'être le centre de toute mon existence. Il est mon dieu ici-bas.

Zeus est né dans la meilleure maternité de Los Angeles et lorsque Pia l'a ramené avec elle, tout était prêt pour l'accueillir. Je désirais qu'il entre dans la vie dans les conditions les plus douces et les plus paisibles possible. Je voulais tout simplement qu'il n'ait pas à connaître ce que j'avais subi.

Et ça, au moins, je l'ai réussi.

Hélas, je n'ai pas été plus fidèle à Pia que je ne l'avais été à ma Sirène, mais ce ne sont pas mes frasques qui nous ont séparés. Je crois plutôt que Pia s'est éloignée de moi à cause de l'incertitude dans laquelle je la faisais vivre. Cette femme d'exception était assez généreuse et surtout assez forte pour pardonner mes infidélités. Lorsque je m'offrais une escapade, elle savait que je lui reviendrais. Elle savait surtout qu'aucune autre femme ne pouvait entrer en concurrence avec la mère de mon fils.

Parfois, pour savourer le bonheur de me retrouver seul avec la maman et l'enfant, je décidais de partir quelques jours dans un lieu paradisiaque, aux Bahamas par exemple. Rien ne me semblait trop beau pour mon petit dieu et ma bonne fée.

Pia et moi finirons néanmoins par nous quitter. Quelque temps plus tard, lorsque les ennuis s'accumuleront au-dessus de ma tête, le divorce deviendra la seule décision raisonnable à prendre. Mais nous sommes restés très liés, très amis, et j'espère que nous le demeurerons à jamais.

Durant toute cette période qui suit mon retour à Los Angeles, je n'ai qu'à me féliciter de la marche de mes affaires. Elles prospèrent autant qu'il est possible et mon implantation en Californie ne cesse de se renforcer de jour en jour. On raconte d'ailleurs que c'est moi qui, à coups de centaines de milliers de dollars, ai permis l'élection de Lee Becca, le nouveau sheriff d'Hollywood. C'est m'accorder beaucoup de pouvoir, même s'il est vrai que je n'ai pas ménagé mes efforts pour soutenir ce policier remarquable. Cependant, la rumeur étant flatteuse, je la laisse prospérer... Qui irait douter de l'efficacité d'un type capable de faire ou de défaire le chef de la police d'Hollywood ?

Mais, inévitablement, d'autres rumeurs viennent se greffer sur ma réussite financière comme sur mon influence et le mot de « Mafia » commence à circuler quand on parle de moi...

Pour l'heure cependant, j'ai d'autres chats à fouetter.

En bon businessman américain, je m'emploie à élargir le champ de mes activités. Je pars à la conquête de nouveaux marchés. Au fil des mois, à L.A., j'ai noué des contacts avec des hommes d'affaires du continent asiatique de passage en Californie. Je me suis beaucoup renseigné et l'Asie me paraît être à la mesure de mes ambitions. Je m'envole donc pour Hong-Kong, Singapour, Taiwan et Bangkok. Une grande tournée de prospection, en quelque sorte.

Pour ce périple au cours duquel j'entends comme toujours mêler plaisir et business, j'emmène Charly Glenn avec moi. Ce bon vieux Charly et sa manie de la vidéo ! Sous un obscur prétexte, il va écourter le séjour et rentrer aux États-Unis avant moi. Et cela pour mon plus grand malheur, mais je ne le découvrirai que plus tard...

La plus belle affaire que j'ai réalisée en Asie m'amuse encore lorsque je me la rappelle. Elle m'a pris plusieurs mois et c'est de loin la partie de poker la plus tendue, la plus dangereuse que j'ai jouée dans ma vie.

Appelons-le Wong. Il règne sur un empire financier composé d'immeubles de rapport, de casinos et de salles de jeux, de restaurants, d'une banque privée, et j'en oublie certainement. Je lui ai été présenté par un « ami » chinois, un exportateur que j'ai côtoyé quelques mois plus tôt à L.A.

Je ne sais que deux choses à propos de Wong : il est immensément riche et il aime le jeu. Alors comment ne me dirais-je pas : « Voilà l'homme providentiel que tu cherches ici, en Asie, Christophe ! » Notre première rencontre ne dure que deux ou trois minutes et nous n'échangeons que très peu de mots. Depuis plus de trois semaines, j'ai montré suffisamment de liasses de billets verts sur les tables de ses casinos pour que ma réputation de joueur émérite lui soit parvenue. Quant au train de vie que j'affiche depuis mon arrivée, il est de nature à le rassurer sur ma solvabilité. Je ne me déplace qu'en jet privé d'une ville à une autre, je ne roule qu'en Rolls et, chaque fois que c'est possible, je paie une demi-douzaine de motards de la police locale pour m'ouvrir le chemin à travers les embouteillages monstres des plus grandes villes. Je ne loge que dans les meilleurs palaces dont, le plus souvent, je loue au minimum la moitié d'un étage.

Les quelques mots que Wong et moi échangeons à notre première entrevue sont empreints d'une courtoisie tout asiatique et de la connivence qui s'instaure d'emblée entre deux joueurs forcenés.

— Mister Rocancourt, me dit Wong avec son plus beau sourire, notre ami commun me dit grand bien de vous. D'autres voix me rapportent que vous appréciez les plaisirs du jeu.

— En effet. Je n'ai d'ailleurs qu'à vous féliciter pour la qualité de vos établissements. J'en connais quelques-uns et j'y ai passé de grands moments.

— Merci, mister Rocancourt. Vos paroles me comblent de bonheur. Me feriez-vous l'honneur de disputer quelques parties avec moi ?

Bien que ce soit exactement ce que j'espère entendre, je fais mine d'être surpris en même temps que flatté, et bien sûr, j'accepte. Rendez-vous est pris pour le lendemain même.

L'endroit qu'a choisi monsieur Wong pour notre face à face n'est pourtant pas du tout celui auquel je m'attendais. Mais tant pis, les dés sont jetés. Impossible de me dérober.

Pour me faire la main, pourrait-on dire, je passe une bonne partie de la nuit à jouer au backgammon dans un club privé sur lequel j'ai jeté mon dévolu parce qu'il n'appartient pas à Wong. Je sais que le backgammon est son sport favori. Ce n'est pas le mien, mais pour gagner le gros lot, parfois il faut ne pas craindre de s'aventurer sur le terrain de l'adversaire.

Le rendez-vous a été fixé le lendemain à midi, à l'échelle de coupée du yacht de Wong. Je soigne la mise en scène : Rolls conduite par mon chauffeur, escorte de motards et petits coups de sirène opportuns pour me déposer au navire. Mon garde du corps transporte mes bagages à bord, sauf une mallette et un attaché-case dont je tiens à me charger moi-même afin que mon hôte comprenne bien que je ne m'embarque pas dans son histoire sans un bon paquet de fric.

Le yacht n'a rien à envier à ceux de la reine d'Angle-terre ou du prince de Monaco. Néanmoins, ce terrain de jeu me dérange un peu. À bord, sur son bateau, Wong me confine en permanence dans son monde, alors qu'à terre, entre deux rencontres, j'aurais pu me retirer à l'hôtel, me ressourcer. Surtout, je me serais senti moins vulnérable.

Le yacht appareille. Nous gagnons la haute mer. Ma cabine est somptueuse, deux filles magnifiques en assu-rent le service et il faudrait être idiot pour ne pas comprendre que la notion de service à laquelle elles se réfèrent va bien au-delà des simples tâches domesti-ques. Pourtant, j'ai du mal à me détendre. Je me sens pris dans un piège. Si, pour une raison que j'ignore, une partie tourne mal ou si le bluff faramineux que je suis en train de monter vient à s'éventer, je sais perti-nemment que le yacht rentrera de sa croisière allégé d'un passager : moi. Je ne me fais aucune illusion à ce sujet.

La première partie a lieu à la tombée de la nuit, sur la plage arrière. Wong est tout sourire. Il appartient à cette catégorie d'hommes qui peuvent continuer à sourire en vous arrachant le cœur de la poitrine. À l'écart de la table de jeu, ses sbires, des molosses aux yeux minuscules et aux biceps hallucinants. Eux ne sourient pas. D'autres filles que celles de ma cabine, tout aussi belles, veillent à notre bien-être.

— Champagne, commande Wong. Le vôtre, bien sûr, mister Rocancourt. Du Roederer, votre marque préférée. Je l'ai fait venir exprès pour vous.

Je suis sensible à l'attention. À mon tour, je l'honore d'un petit cadeau que je sors de ma poche. Une montre de grand luxe, suisse évidemment. Une broutille à vingt mille dollars. Il est aux anges, le Chinois, mais il s'empresse de faire passer le bijou à l'une des filles en lui ordonnant d'aller le remiser au coffre. Il se méfie des maléfices, des mauvaises ondes. Qui sait si ma tocante n'est pas ensorcelée ?

— Nous jouons à dix mille dollars le point, mister Rocancourt. Cela vous convient-il ?

Une onde glacée me parcourt l'échine. Je m'attendais à jouer gros, mais pas à ce niveau. Dix mille dollars du point, c'est énorme. Il ne me faut pas trois secondes de calcul mental pour aboutir à la conclusion vertigineuse que, en une seule partie perdue, je peux laisser filer quelque deux cent quarante mille dollars ! Une fortune.

— Cela me convient parfaitement, monsieur Wong. Nous ouvrons la partie.

Nous jouons toute la nuit. Lorsque le jour se lève, au gré des gains et des pertes successifs, je ne suis dans le rouge « que » pour quatre-vingt-dix mille dollars. Une aumône.

Je propose à Wong de payer sur-le-champ. J'ai ce qu'il faut dans la mallette haute sécurité enfermée dans ma cabine. Mon hôte m'en dispense.

– Nous clôturerons les comptes lorsque nous ferons route vers le port, mister Rocancourt. Vous êtes un grand joueur. J'ai confiance. Nous nous retrouverons pour déjeuner ensemble si cela vous est agréable, mon cher ami. Et nous rejouerons ce soir. Je ne m'adonne à mon vice qu'après le coucher du soleil et je cesse à la première lueur du jour. Les ondes nocturnes me sont favorables, voyez-vous. Et comme on m'a dit que vous jouiez vous aussi la nuit, je considère que nous sommes d'accord sur ce point.

La deuxième nuit de jeu, je sors gagnant. Wong perd soixante mille dollars. Je ne suis donc plus dans le rouge que pour trente mille et lorsque, au cours de la journée, je me promène sur le pont, je me persuade que la perspective de finir en repas de gala pour les requins s'éloigne de moi.

La troisième nuit, je vis un enfer. À trois heures du matin, je me retrouve à la ramasse de plus d'un demi-million de dollars. C'est colossal. C'est en tout cas bien plus que ce que je comptais mettre dans cet investissement « backgammon ». À ce moment précis, les grands gagnants sont dans l'ordre l'honorable monsieur Wong... et les requins.

Je me refais un peu en fin de nuit, mais un peu seulement et lorsque le soleil réapparaît, stoppant les hostilités, je suis tout de même plombé de quelque trois cent quatre-vingt-dix mille dollars. Et je ne dispose à bord que de trois cent mille.

Je dors très mal.

Par chance, les quatrième et cinquième joutes me sont favorables. Lors de la sixième et dernière, je perds de nouveau, mais à l'heure des comptes, je ne suis redevable que de quatre-vingt mille dollars à mon cher ami et désormais associé, le sage et perspicace monsieur Wong.

Enfin, associés... Nous ne le sommes pas encore tout à fait. Disons que l'affaire est en très bonne voie. Pour qu'elle se concrétise, il me reste quelques détails à régler.

À bord du yacht, lorsque nous nous retrouvions en dehors du backgammon, nous en venions à parler affaires, naturellement. J'ai bien senti que les miennes intéressaient l'honorable Chinois. Je lui ai raconté que l'essentiel de mon business consistait à acheter des immeubles plus ou moins vétustes dans les grandes villes américaines, et à les transformer de fond en comble pour les revendre à prix d'or en buildings de luxe. Chaque jour, Wong me posait de nouvelles questions à ce sujet et ses petits yeux bridés luisaient de plus en plus à mesure que je consentais à distiller quelques chiffres, quelques évaluations de profits à court, moyen et long terme.

Aussi, lorsque nous retournons à quai, il est clair dans mon esprit que l'estimable monsieur Wong a mordu à l'hameçon. Il est prêt à aller très loin financièrement pour pouvoir se prévaloir de posséder de la pierre au paradis du business, la mythique Amérique.

Quant à moi, au fond, il ne me reste plus qu'à trouver l'immeuble que je lui ai déjà plus ou moins vendu. C'est un des détails à régler auxquels je faisais allusion à l'instant. Qu'à cela ne tienne ! Même si, sous le coup d'une inspiration aussi périlleuse que subite, je me suis aventuré à lui préciser que, pour un homme de son importance, il ne pouvait s'agir que d'un building à... New York !

Oui, New York. Et pas ailleurs. Pourquoi jouer petit bras ?

Je m'envole donc pour Big Apple. Les fréquents séjours que j'y ai faits récemment, notamment dans le cadre du projet avorté du film de Mickey Rourke, ne m'ont pas été inutiles. J'ai évidemment pris langue avec un certain nombre de gens importants et j'ai repéré quelques immeubles en réfection devant lesquels je me suis rappelé le penchant que j'avais à Paris pour le Monopoly façon Rocancourt. Ces immeubles, leurs travaux se sont inscrits dans ma mémoire comme une opportunité encore floue sur l'instant, mais qui trouverait sa place tôt ou tard.

Et ce moment est arrivé.

À New York, en quelques jours, je jette mon dévolu sur un bel édifice en reconstruction totale. Les trois ou quatre semaines qui suivent, je visite quotidiennement ce chantier, je supervise l'avancement des travaux, si bien que je finis par me fondre dans le paysage.

Le premier jour, me voyant contempler avec un intérêt soutenu la façade désossée, le chef de chantier s'est montré intrigué. Et comme je l'avais fait des années plus tôt avec le marchand de télévision du XVIe arrondissement de Paris, je suis allé à sa rencontre pour le rassurer.

— Je suis mandaté par un pôle d'investisseurs qui a posé des options de rachat sur cet immeuble. Je dois pouvoir leur apporter toutes assurances que la rénovation est bien telle qu'elle est annoncée par les vendeurs. Vous comprenez ?

Il comprend. Trois jours plus tard, je me trimbale au milieu des ouvriers comme si j'étais chez moi. J'ai un beau casque jaune sur la tête et je parle avec les uns et les autres. Je me fais expliquer une foule de détails dont je n'ai rien à foutre. Levant le bras, je désigne tel étage et je demande comment il va être distribué, combien de bureaux il offrira, etc. La réponse m'importe peu, mais je sais que les gestes que je fais là, maintenant, ont leur importance.

Lorsque je sens que mon cinéma a fait son effet, je reprends contact avec Wong. Je lui expose que c'est maintenant ou jamais qu'il faut sauter le pas et verser son obole... Une misère que je fixe à quinze millions de dollars.

Quinze millions ! On aime le jeu ou on n'aime pas, mais si on joue, on joue. On ne fait pas semblant.

Wong me confirme son adhésion de principe. Il m'annonce qu'il m'envoie des hommes de confiance pour voir l'immeuble et régler les formalités entre nous. Cela ne me surprend pas, naturellement. L'inspection des envoyés de Wong, je l'ai préparée avec minutie.

Ils sont trois, aussi rieurs que des croque-morts et je crois que même si je fourrais dans leur lit les plus belles filles de New York, ils ne se dérideraient pas.

Je leur fais visiter la ville, je mets en évidence le haut niveau de vie du New-Yorkais moyen, je leur fais rencontrer quelques noms connus de Wall Street, puis vient le moment qu'ils attendent et que je leur ai laissé désirer : la visite du chantier. Et c'est là que je joue mon coup décisif.

Lorsqu'ils me voient tellement à l'aise au milieu des travaux, en phase avec tout le monde, m'entretenant longuement avec le chef de chantier, le nez sur les plans et faisant des gestes pour désigner telle ou telle partie du building, ils se persuadent sans peine que je suis en train de donner mes instructions. Pour eux il n'y a aucun doute, je suis le grand manitou de l'affaire.

Bien sûr, lorsque je les rejoins, je leur présente mes plates excuses pour avoir dû les délaisser.

— Je dois tout contrôler, vous comprenez ? Je veux que monsieur Wong soit content de son investissement. Vous pourrez lui confirmer que je veille personnellement à l'avancée des travaux...

Ils sont ravis, mes chinetoques. Pour la première fois, je les vois rire. Enfin, sourire. N'exagérons pas. Le soir même, ils transmettent leur rapport à Wong qui s'empresse de me confirmer son accord au milieu de la nuit.

Au matin je m'envole pour l'Asie et je retrouve le yacht de mon ami et associé où m'attendent les quinze millions de dollars. En espèces. En liasse « condensée », c'est-à-dire des liasses très fines dont on a expulsé l'air entre chaque billet par un procédé de compression. Cela permet de mettre des sommes énormes dans un volume minime.

Ce soir-là, je ne peux faire moins que de proposer une partie de backgammon à mon bienfaiteur. Je ne peux faire moins, non plus, que de m'arranger pour mal jouer. Je perds donc. Un peu plus de deux cent mille dollars, si je me souviens bien... Aux premiers feux du soleil, je les verse rubis sur l'ongle à mon associé. Il est ravi et ne peut résister à l'envie de faire déboucher une autre bouteille de Roederer.

Au moment où j'ai poussé devant mon « associé » les billets de ma dette de jeu, dans ma petite tête, je me suis entendu murmurer : « Pourboire, monsieur Wong. Gardez la monnaie. » Mais maintenant, mon regard se perd sur la mer, je pense aux requins et je me dis que m'attarder trop dans ce paradis devient risqué. Il me faut prendre le premier avion. D'ailleurs, n'ai-je pas un chantier très important à superviser à New York ? Mon associé tombe d'accord avec moi : il est urgent que j'aille m'assurer que son bel argent n'est pas placé à la légère.

Son bel argent : quinze millions de dollars dont il n'entendra plus jamais parler !

Le plus extraordinaire est que, de mon côté, je n'ai jamais entendu parler de monsieur Wong non plus. Il a bu le calice jusqu'à la lie sans broncher. Bien sûr, la provenance de ses fonds étant plus que douteuse, je ne m'attendais pas à ce qu'il sonne le branle-bas de combat judiciaire, mais je me disais qu'il pouvait tenter de passer par la bande pour essayer de récupérer quelque chose. Il n'en a rien fait. Je crois qu'il a préféré ne pas prendre le risque de paraître avoir perdu la face, ce qui, pour un Asiatique, est cent fois pire que perdre de l'argent. Alors il s'est tu.

Je suppose que j'ai dû hanter ses nuits un long moment après cette mésaventure et il est inutile de préciser que par la suite, j'ai évité d'approcher à moins d'un bon millier de kilomètres sa zone d'influence.

Environ dix-huit mois plus tard, à Bali, au bar d'un hôtel, j'ai surpris une conversation à laquelle je me suis bien gardé de me mêler. Deux hommes, des Occidentaux, parlaient de monsieur Wong et j'ai cru comprendre qu'il était mort peu de temps auparavant dans un accident d'hélicoptère dont les circonstances restaient assez obscures.

– Paix à ses cendres, ai-je murmuré.

Puis j'ai fini mon verre et j'ai quitté discrètement le bar. Certains Asiatiques disent que le fantôme des défunts qu'on a évoqués vient volontiers rôder là où leur nom a été prononcé... Une légende, sûrement, mais on n'est jamais trop prudent avec les esprits.

– 13 –

ROCANCOURT MAFIOSO ?

Je suis de nouveau en voyage d'affaires en Asie, mais loin du pays de monsieur Wong et de son fantôme, lorsque me tombe dessus une sale nouvelle. Le FBI a investi mes appartements du Beverley Wilshire Hotel, à L.A. En présence de Pia et de mon fils, ils ont tout flanqué sens dessus dessous pour une perquisition en règle.

C'est un coup de fil de mon ami le directeur de l'hôtel Wilshire qui me l'apprend et je tombe des nues. Pourquoi une perquisition ? Pourquoi le FBI ? Je ne comprends pas... Je réalise seulement que, Pia et Zeus étant au cœur de la tourmente, je ne peux pas me contenter de rester tranquillement à l'abri là où je me trouve, à des milliers de kilomètres du front des hostilités. Il me serait pourtant facile de me dérober, j'ai largement de quoi me reconstruire une vie dorée là où je suis. Mais je ne peux pas commettre une pareille lâcheté. Mon devoir est de sauter dans le premier avion pour Los Angeles et de foncer chez le juge qui a mandaté la perquisition afin d'entendre de sa bouche ce qui a motivé cette initiative que je trouve démentielle.

Le voyage me paraît interminable et je suis encore ivre de colère lorsque je pose le pied sur l'aéroport de Los Angeles. J'ai convoqué mon avocat à la descente de l'avion.

— Qu'est-ce que c'est que ce bordel ? Le FBI me refait le coup du casse de Genève ? Cette histoire-là est pourtant terminée depuis belle lurette !

— Le FBI n'a rien à voir là-dedans, Christopher, m'explique mon conseil. Certes, quelqu'un a fait courir le bruit que c'étaient ses agents qui avaient piloté la perquisition. Et votre entourage l'a cru. Même Pia, bien sûr, qui n'est pas une spécialiste des arcanes policiers et qui, complètement affolée, s'est fiée à ce qu'elle entendait dire. Cela explique le malentendu. Mais le FBI est hors du coup. C'est un des services de la police locale, le « Los Angeles District Attorney Office », qui est monté au créneau. Est-ce que le nom de Mueller vous dit quelque chose ?

— Non, rien. Qui est-ce ?

— Un inspecteur zélé que vous agacez énormément depuis vos démêlés avec la Suisse. Je l'ai rencontré hier. Il reste persuadé que vous avez berné tout le monde et que vous vous en êtes mis plein les poches grâce au casse de la bijouterie.

Mon avocat marque un temps de pause. Ce qu'il doit me révéler à présent l'embarrasse. Il se racle la gorge. Il prononce un autre nom, me pose la même question : est-ce que ce nouveau nom me dit quelque chose ?

Bon sang, il me parle de Benny ! Je n'y comprends rien.

— Qu'est-ce que Benny vient faire dans ce micmac ?

— Tout est parti de lui. Il est d'abord allé trouver le FBI pour raconter que vous étiez le cerveau d'un trafic international de diamants et de faux passeports américains. Pour faire bon poids, il a ajouté que vous aviez transformé votre étage de l'hôtel en bunker et que vous y entreposiez des armes de gros calibres ainsi qu'un stock de grenades. Comme il était incapable d'apporter la moindre preuve, le FBI lui a plus ou moins ri au nez. Alors Benny est allé vendre sa soupe ailleurs jusqu'à ce qu'il trouve l'oreille attentive de l'inspecteur Mueller. Et Mueller, lui, a foncé tête baissée. Il a fait établir un mandat de perquisition. Il a fouillé votre étage de fond en comble. Il n'a pas saisi grand-chose, évidemment : un agenda, une Rolex en or et deux revolvers.

— Je suppose que la Rolex le fait saliver un maximum.

— Exact.

— Il croit tenir là une pièce à conviction concernant le casse de Genève, c'est ça ?

— Oui.

— Il en sera pour ses frais. Cette montre, je l'ai achetée légalement, et j'ai gardé la facture et le certificat de garantie. Vous pensez bien qu'après l'affaire de la bijouterie genevoise qu'on a essayé de me mettre sur le dos, même pour une montre joujou destinée à Zeus je conserverais des traces ! On va fourrer ces papiers sous le nez du juge, et basta ! Quant aux revolvers, vous allez rire, c'est un copain flic qui me les a confiés. Il a des mômes turbulents et il ne voulait pas garder ça chez lui. Il en témoignera si je le lui demande. Aucun problème.

Mon avocat reste muet. J'insiste, soulagé :

— Donc, si je résume bien la situation, votre Mueller a causé tout ce bazar pour rien ! Je suppose que nous avons affaire à un grand malade ?

Je sens que mon conseil ne partage pas mon optimisme. Il se racle de nouveau la gorge.

— Il y a plus embêtant, poursuit-il... Le passeport. Le faux passeport américain à votre nom. À votre vrai nom, qui plus est, Rocancourt. Ils l'ont aussi trouvé. Ça, c'est très embarrassant.

Je balaie l'argument d'un revers de main.

— Je rentre de voyager à l'étranger, à l'autre bout du monde, et ce Mueller est tombé sur mon passeport ici, à L.A. On ne peut envisager une preuve plus solide que je me suis procuré ce passeport pour mon seul plaisir et non pour l'utiliser au passage des frontières...

Devant le mutisme persistant de mon interlocuteur, je hasarde :

— Allons, ne me dites pas que c'est aussi Benny qui le lui a livré !

– Non, ce n'est pas Benny. C'est votre ami Charly Glenn...

Je ferme les yeux, je serre les mâchoires et les poings pour ne pas hurler de dépit. Putain ! Benny, le pauvre type que j'ai recueilli alors qu'il était à la rue et que je fais vivre depuis lors, et Glenn qui n'est encore vaguement quelqu'un à L.A. que parce que je le veux bien. Les salauds ! Ils n'ont pas hésité à me poignarder dans le dos ! Je n'en reviens pas. Comment Glenn a-t-il pu me faire ça ? Lui qui a été un type bien, une star de la mode... Je suppose qu'il a écourté son séjour en Asie à mes côtés pour mieux me torpiller en mon absence. Je dois faire un effort surhumain pour me calmer. La seule envie que j'ai à l'instant, dans la voiture de mon avocat, est d'ordonner au chauffeur de foncer là où Glenn et l'autre chacal se terrent pour leur exploser la gueule. Si Pia et Zeus ne se trouvaient pas au milieu de cette merde, c'est exactement ce que je ferais. Tant pis pour les conséquences et les années de taule !

Comme un flash, une citation de Walter Scott tirée de son roman *Quentin Durward* me vient à l'esprit. J'ai lu le bouquin en prison, en Suisse je crois, et ce passage m'avait frappé. Dommage que je ne me le sois pas rappelé plus tôt, quand je me démenais pour aider ces deux fumiers de Benny et Glenn : « La trahison s'assied à nos banquets, elle brille dans nos coupes, elle porte la barbe de nos conseillers, elle affecte le sourire de nos courtisans et la gaieté maligne de nos bouffons. »

Pour Glenn et Benny, le moteur de la trahison a été la jalousie ou plutôt, comme le décrit si bien Nietzsche, le ressentiment. Ma réussite en « affaires », mes succès féminins leur sont devenus insupportables. Alors, faute de pouvoir devenir califes à la place du calife, ils se sont laissé gangrener par la haine des médiocres et ils ont décidé de me détruire.

En raison de l'existence du vrai faux passeport, un mandat d'arrêt est lancé contre moi en même temps que contre mon amie Léia. Celle-ci, par bonheur, ne se trouve pas en Amérique à ce moment-là et le mandat la concernant n'a donc aucune chance d'être suivi d'effet. Mais pour l'inspecteur Mueller, quelle satisfaction d'orgueil ! Envelopper dans le même paquet-cadeau la fille d'un président de la République et Christopher Rocancourt, la coqueluche du tout-Holly-wood, ça pose son petit flic de district. Certains ont réussi de brillantes carrières avec beaucoup moins que cela.

Début décembre 1997, je suis arrêté à Los Angeles sous le chef d'inculpation de « fraude et impression de faux passeport avec l'aide de deux employés du Département d'État ». Qu'on se rassure, ces deux fonctionnaires s'en sortiront assez bien : ils resteront enfermés beaucoup moins longtemps que Rocancourt.

En tout cas, pour moi, sonne l'heure du retour à la case prison. On m'y laisse mijoter six mois et je ne suis libéré qu'après le versement d'une caution d'un montant de cent soixante-quinze mille dollars. Et je reste sous haute surveillance...

Six mois, c'est le temps qu'il a fallu à la justice pour constater la vacuité des accusations de Mueller. Car malgré l'évidence, celui-ci persiste et signe. Furieux de n'avoir découvert au Beverley Wilshire ni le monceau de diamants ni l'arsenal de guerre ni les cartons entiers de faux passeports annoncés par Benny, il se réfugie dans une sorte de délire obsessionnel. Il me veut coupable de tous les crimes de la terre : extorsion de fonds, constitution de sociétés fictives, mais surtout... appartenance au milieu du crime organisé – en clair la Mafia – et, pour faire bonne mesure, meurtre.

Dans l'imagination fertile mais brouillonne de Mueller, les deux accusations sont évidemment liées, et il prétend savoir de quoi il parle.

Quelque temps plus tôt, sur le chemin de retour d'un mes voyages en Asie, je me suis arrêté en Italie où j'ai retrouvé un vieil ami, don Federico. J'avais fait la connaissance de cet homme une dizaine d'années plus tôt lorsque, dans le but de me « cultiver », Isabelle m'emmenait courir les musées et les villes d'art de la péninsule.

Don Federico a occupé des fonctions de conseiller auprès de Giulio Andreotti, le pape de la démocratie chrétienne, président du Conseil du gouvernement italien à sept reprises, et cité un plus grand nombre de fois encore dans des affaires de corruption à forte connotation mafieuse.

Quand je le retrouve lors de mon séjour italien, don Federico n'est plus que l'ombre de lui-même. Il se sent inutile, seul, désavoué. Dans son regard, autrefois si vif, flotte à présent une lassitude qui ne me dit rien de bon. Finalement, je ne sais pas grand-chose de lui, et je m'en moque. Ce Calabrais cultivé, fin, est d'une fréquentation très agréable et je ne me lasse pas de l'écouter. Il connaît mille choses sur l'art, l'histoire, la politique et surtout la vie, et la manière dont il les évoque, avec éloquence, humour ou profondeur est pour moi un enchantement.

Je lui propose de m'accompagner en Amérique : il me semble qu'il lui suffirait de s'éloigner des lieux qui lui rappellent trop son influence passée pour aller mieux. Je lui offre donc de venir vivre le temps qu'il voudra avec Pia, Zeus et moi à Los Angeles, à l'hôtel Beverley Wilshire.

La veille du jour prévu pour notre départ de Milan, je m'aperçois que mon ami emporte beaucoup d'argent liquide avec lui. Vraiment beaucoup. Deux valises pleines ! Je m'en étonne. Il me répond qu'il a des services à rendre à certaines personnes aux États-Unis. Je lui demande alors comment il compte se débrouiller au passage de la frontière, ou plutôt *des* frontières, puisque nous prenons un vol à destination de Vancouver et qu'il faudra passer les contrôles d'accès au Canada, puis, dans un deuxième temps, ceux des States.

– J'en fais mon affaire, me dit-il. D'ailleurs, nous ne

serons pas ensemble au moment des formalités doua-
nières. Quoi qu'il arrive, on ne se connaît pas ! Et si
tout se passe bien nous nous retrouverons à l'hôtel.

À l'aéroport de Vancouver, je passe la douane le premier et je me mets à l'écart pour observer Federico. Je
le vois faire de grands gestes, secouer la tête, rouler des
yeux ronds et, pendant une minute, je redoute le pire.
Pour moi, il est en train de se faire coincer... Mais, ô
stupeur, il se calme tout à coup et les douaniers canadiens, tout sourire, le laissent passer, avec ses deux
valises.

Il traverse le hall, se rend à l'arrêt des taxis, et là, la
même scène se produit : grands gestes, mouvements
de tête... Enfin, il monte dans la voiture. Une heure
plus tard, nous nous retrouvons à l'hôtel. Federico est
épuisé mais content de lui. Son truc a marché plein
pot. Il a franchi la douane en se faisant passer pour un
sourd-muet. Puis – et c'est là la marque d'un vrai pro –,
par précaution, au cas où un agent des douanes l'aurait
encore à l'œil après son passage, il a recommencé le
même cinéma avec le chauffeur de taxi.

Le lendemain, une de mes amies vient nous chercher
à Vancouver pour nous conduire en voiture à Los
Angeles. Nous passons du Canada aux États-Unis sans
le moindre incident. Mais le voyage fatigue mon vieil
ami. Lorsque nous arrivons enfin, il n'a pas très bonne
mine.

À L.A. je l'installe dans une belle chambre située
dans le prolongement des appartements que j'occupe.
Il aime son indépendance, je le sais. Les jours suivants,

il est souvent absent car les « services » qu'il doit rendre, les livraisons qu'il doit effectuer lui prennent tout son temps. Ensuite, ces obligations remplies, il s'abandonne à l'oisiveté californienne. Il déjeune copieusement, boit comme un trou, fume sans désemparer, fait la sieste chaque après-midi pour se remettre à boire, à manger et à fumer dès qu'il émerge.

En fin de journée, il ne manque jamais de venir faire une visite à Pia et à Zeus. Souvent, je l'emmène faire un tour à Malibu ou à Santa Monica, mais je sens bien que l'intérêt qu'il manifeste n'est que de façade. Cet homme-là est usé jusqu'à la moelle. Il a eu une existence passionnante, trépidante, riche. Désormais, il a le sentiment de ne plus faire que de la figuration sur la grande scène de la vie.

Don Federico est las de tout. Alors, il se met en danger.

Un matin, il ne sort pas de sa chambre. Je ne m'inquiète pas trop avant la mi-journée, car la veille au soir il était encore plus soûl que d'ordinaire. Finalement, ne le voyant pas apparaître, je me fais ouvrir sa chambre par une femme de ménage qui dispose d'un passe. Federico gît en travers du lit. Il a cessé de vivre.

J'appelle la police. Le sheriff se transporte sur les lieux et requiert les services d'un médecin légiste. Celui-ci, après les examens d'usage, conclut à une mort naturelle. Un arrêt du cœur. Depuis quelques années, don Fedrico était appareillé d'un stimulateur cardiaque, ce que j'ignorais. Il avait déjà eu plusieurs alertes sérieuses, et l'alcool en abondance, les cigarettes, les

cigares, la bonne chère lui étaient fortement décon-
seillés. Il s'est tué en sachant ce qu'il faisait. On ne
peut que respecter un tel choix.

Ce qui lui reste de famille en Italie est informé par
l'entremise du consulat. La réaction de ces gens arrive
dans les heures qui suivent. Elle sonne comme une
seconde mort pour mon vieil ami : l'entourage ne veut
pas entendre parler de frais de rapatriement ou d'obsè-
ques dans la péninsule et décide que le défunt doit être
incinéré là où il est mort. J'ai beau m'y opposer aussi
fermement que je le peux, Federico étant croyant et
opposé à l'incinération, je n'ai aucun droit en la matière.
La volonté familiale s'impose.

Nous ne sommes que quelques-uns, Pia, moi et un
ou deux vieux Italiens de la communauté transalpine
de L.A., pour accompagner ce vieux fou au cremato-
rium.

Triste journée sur L.A.

La rumeur naît peu après. J'aurais assassiné don
Federico ! Cela n'a aucun sens, mais la diffamation ne
s'embarrasse pas de logique ou de raison. Pourtant,
quelle aberration ! Les policiers eux-mêmes, à l'exception de mon ennemi personnel, l'obsédé inspecteur
Mueller, n'ont jamais accordé le moindre crédit à ces
ragots. Tout le monde sait, et moi le premier, que
depuis mon arrestation et mon extradition pour les prisons suisses et françaises, je suis plutôt dans le collimateur des autorités judiciaires. Alors, vraiment, s'il y

avait eu dans le décès de Federico le moindre soupçon d'homicide, la plus légère suspicion de mort provoquée, le district attorney se serait fait une joie de me chercher des poux dans la tête.

Mais l'inspecteur Mueller, lui, ne se laisse pas démonter par l'évidence. Il veut la peau de Rocancourt, il en rêve la nuit, le jour, le dimanche, les jours fériés. Il la veut et se dit qu'il l'aura. Dans son esprit échauffé, les choses sont claires : puisque don Federico est italien, calabrais de surcroît, puisqu'il a été un proche de Giulio Andreotti, suspecté de liens avec la Mafia, et puisque Rocancourt a hébergé – et peut être liquidé – ce don Federico, forcément Rocancourt trempe d'une manière ou d'une autre dans le milieu du crime organisé. Ce raisonnement hante l'âme tourmentée de l'inspecteur. Il ne tient pas debout, certes, mais cela fait tellement joli dans le tableau qu'il s'y accroche ferme.

Cette légende m'a longtemps amusé. Pour tout dire, j'en ai même joué car, en certaines occasions, elle m'a servi plus ou moins directement à impressionner les gros cupides pas très courageux avec lesquels je me trouvais en affaires. Mais aujourd'hui cela ne m'amuse plus du tout et, pour que mon fils sache la vérité, toute la vérité, je considère que le moment est venu de passer aux aveux sur mes prétendues implications avec la Mafia.

Selon d'autres ragots, j'aurais organisé à New York, au restaurant Le Cirque, le plus chic de toute la ville, un dîner de dupes destiné à rouler dans la farine des représentants de la pègre française en les faisant rencontrer de prétendus membres du clan Gambino, une des plus influentes familles mafieuses de la côte, lesquels « membres » n'auraient été en réalité que des figurants payés par moi pour jouer cette mascarade. Beaucoup de gens ont prêté foi à ce bruit de couloir sans chercher à réfléchir une seconde à ce qu'il impliquait. En effet, je souhaite bon courage au débile profond qui s'aventurerait à se servir du nom Gambino, ou de celui de toute autre « famille » ou clan, pour faire joujou de la sorte. Je ne pense pas qu'il s'en sortirait avec pour seule addition la note des agapes. À mon avis, une telle pitrerie lui coûterait beaucoup plus cher.

Pourtant, j'ai bien organisé un déjeuner au Cirque. Il réunissait vingt-cinq personnes, dont mon ami John Cenatiempo, le comédien de la série TV *Les Sopranos*. Il y avait là des Italo-Américains, des Américains d'autres origines et des Français. Certains d'entre eux pouvaient en effet avoir des relations plus ou moins proches avec tel ou tel membre de telle ou telle « famille » mais ce n'est pas cela qui justifiait l'invitation, même si Cenatiempo n'a jamais fait mystère de certaines amitiés un tantinet sulfureuses.

J'avoue donc avoir pu croiser, au cours de toutes ces années, le chemin de personnes proches des milieux mafieux. En cela, je ne suis pas très différent de quelques centaines de milliers d'hommes d'affaires américains ou internationaux, de stars du show-biz ou de la politique et plus généralement de tous ceux qui, à New

York et dans les grandes villes américaines, vivent autrement que calfeutrés dans leur bureau et leur living room.

J'avoue avoir été impressionné par la qualité humaine et la force de caractère de quelques noms fameux de la Mafia, au premier rang desquels John Gotti, successeur de Carlo Gambino à la tête de son clan et emprisonné à vie en 1992. Je ne l'ai donc jamais connu. Je le regrette, d'ailleurs.

J'avoue avoir été admis, au pénitencier, à faire quelques parties de poker en cellule et quelques promenades dans le yard avec des détenus haut placés dans la hiérarchie complexe de ce monde parallèle.

J'avoue avoir eu à New York une conversation avec le *consiliere* – conseil ou avocat – d'une des grandes familles de la Mafia. Celui-ci m'a laissé entendre assez clairement que mon business amusait beaucoup ses mandants et continuerait de les divertir tant que je ne franchirais pas certaines lignes jaunes et que je n'irais pas toucher à leurs sphères d'activités ou taquiner l'un des leurs. À la vérité, ce discours, je n'avais nul besoin de l'entendre puisque j'en appliquais scrupuleusement les préceptes depuis le premier jour de ma présence sur le sol américain. Comme je l'ai dit, je me suis toujours tenu à l'écart du jeu, de la prostitution, de la drogue et du racket. Quant à tenter de gruger un type dont j'aurais entendu suggérer qu'il puisse être lié peu ou prou avec le cousin d'un cousin d'un chef ou souschef de clan, je ne suis pas assez dingue pour m'y risquer. Téméraire, mais pas suicidaire !

J'avoue aussi qu'au cours de mes interrogatoires et de mes détentions successives, je me suis conduit comme les hommes de ces milieux se comportent : j'ai gardé le silence, je n'ai jamais prononcé le nom de quiconque, je n'ai jamais livré la moindre information. Et j'admets que ce mimétisme dans ma conduite a pu faire penser à certains enquêteurs que j'avais été formé à la bonne école, celle des clans bien entendu.

Je consens même à avouer que je ne me suis pas montré très curieux au sujet des « services » que don Federico devait rendre avec ses valises bourrées de dollars en arrivant aux States, et que je n'ai pas demandé au nom de qui il devait les rendre. J'ai considéré que ce n'était pas mon affaire.

J'avoue enfin que tout cela mis bout à bout peut suffire à embraser l'imagination d'un petit inspecteur tel que le sieur Mueller qui court après le grand coup de sa carrière, animé de la même hystérie que le capitaine Achab, du célèbre *Moby Dick*, dans sa quête de la baleine blanche.

Je me répète, sans doute, mais je suis convaincu aujourd'hui qu'il est temps de mettre les choses à plat : je n'ai jamais été et je ne suis pas un mafioso. D'ailleurs, je peux en apporter la preuve irréfutable. Une preuve éclatante que Mueller, aveuglé par son obsession, est incapable de voir, d'intégrer, d'accepter. Pourtant, cette démonstration d'innocence, il l'a sous les yeux. Il est même aux premières loges, si je puis dire.

Au cas où il lirait ce livre, j'invite simplement Mueller à prendre en considération un argument d'une confondante simplicité : si j'appartenais au milieu du crime organisé, quelles seraient les personnes auxquelles cette collusion n'aurait pu échapper, celles qui n'auraient pas manqué de me voir rencontrer des « parrains », des hommes de main ? Deux noms s'imposent d'emblée : Benny, mon chauffeur, et surtout Charly Glenn que je traîne partout avec moi depuis le premier jour comme une sangsue. Or, que s'empressent de faire ces deux minables alors que j'ai le dos tourné ? Ils me trahissent...

Ni Benny ni Glenn ne sont des prix Nobel, soit, mais de là à se montrer assez cons pour aller souffler dans les narines d'un homme qui appartiendrait à la Mafia, il y a loin ! Imaginer un seul instant que de pauvres types comme eux aient pu avoir les couilles de défier le membre d'une des familles du crime organisé, et donc *ipso facto* la famille tout entière, me fait hurler de rire. Sans compter que ces deux kamikazes continueraient de se la couler douce alors qu'ils m'ont envoyé derrière les barreaux et m'ont fait paumer une caution de cent soixante-dix mille dollars pour rien ?

Au demeurant, bien que dans une moindre mesure il est vrai, le raisonnement vaut aussi pour l'inspecteur Mueller en personne. S'imagine-t-il qu'il serait ce qu'il est aujourd'hui, inspecteur à la police des polices, et *en parfaite santé*, si j'étais un mafieux de quelque importance ?

Enfin, pour en terminer avec ce fantasme récurrent, comment ce cher Mueller explique-t-il qu'au terme des sept ou huit années durant lesquelles le FBI s'est intéressé à moi et n'a cessé d'enquêter, pas un seul élément de preuve d'une appartenance quelconque à aucun des clans répertoriés n'ait pu être mis au jour ? Car, qu'on ne s'y trompe pas, si ces messieurs du FBI avaient découvert le moindre indice, aujourd'hui je ne serais pas dehors : je croupirais encore au pénitencier d'Allenwood, Pennsylvanie, pour une bonne vingtaine d'années, puisque le tarif en vigueur est de vingt-cinq ans pour toute implication dans le crime organisé.

La mort de mon ami Federico, la trahison des deux minables, le harcèlement de Mueller, ma liberté de mouvements sous haute surveillance parce que je ne suis qu'un « libéré conditionnel sous caution », tout cela contribue bientôt à rendre la vie à Los Angeles moins plaisante à mes yeux. L'air de la Californie, peu à peu, me semble plus pesant, son climat uniforme me lasse. Je commence à me dire que le soleil brille aussi ailleurs... Bref, il est grand temps que l'acteur Rocancourt change de théâtre.

L'incident qui précipite ma décision n'est pas des plus anodins, puisqu'il s'agit d'une fusillade en pleine rue.

En compagnie de Mickey Rourke et de quelques amis, je fête ma libération sous caution dans une boîte de nuit d'Hollywood, le Garden of Eden. Traduit en français, cela donne : « Le Jardin du Paradis ». En fait de Paradis, ce sera plutôt l'enfer.

À un moment donné, une dizaine de types s'agglutinent autour de notre table. Je sens tout de suite les ondes d'agressivité qu'ils dégagent. L'un d'eux s'en prend à moi bille en tête.

– Rocancourt, je vais te buter ! Je veux ta peau. Tu es un homme mort.

Il est très excité, probablement sous l'emprise de la drogue, mais il ne parle pas à la légère. Les menaces qu'il profère ne sont pas des rodomontades d'ivrogne. Je perçois ces nuances-là depuis toujours. Dans un premier temps, le champagne nous rendant cléments et bienveillants envers notre prochain, mes amis et moi pensons qu'il s'agit d'une histoire de fille. J'aurais piétiné quelques plates-bandes et ce gars n'aurait pas apprécié... Tout de même, je sors de six mois de prison, le type aurait la rancune tenace ! Je ne mets donc pas longtemps à me persuader qu'il ne s'agit pas d'une banale affaire de coucherie.

Après quelques mouvements divers, le service de sécurité de l'établissement parvient à rétablir un semblant d'ordre et je m'empresse de faire jouer mon réseau pour me renseigner sur ce type. C'est un dealer notoire, poursuivi pour meurtre en Italie et qui tente de s'imposer comme caïd à L.A. Dès que j'ai connaissance de ces éléments, la donne est claire pour moi. Ce malfrat cherche à faire un carton pour marquer les esprits : accrocher Rocancourt à son tableau de chasse serait pour lui un bon début. On ne peut le nier, et, en conséquence, je prends l'affaire très au sérieux.

Avant même le lever du jour, je fais en sorte que la protection de Pia et de Zeus soit renforcée. Quant à moi, je continue de mener ma vie comme je l'ai fait jusqu'à présent, sauf que je me montre beaucoup plus prudent.

Le soir suivant, pour sortir je prends mon Hummer, le 4x4 dérivé du modèle militaire dont j'ai déjà parlé. Le mien présente la particularité de posséder à l'arrière une caméra dont l'objectif est dissimulé dans le moyeu central de la roue de secours. Le tableau de bord est équipé d'un écran qui permet de visionner ce que filme la caméra. Je peux dire aujourd'hui que c'est en partie ce dispositif qui m'a sauvé la vie.

Ce soir-là, donc, comme très souvent, je me rends vers 19 h 30 au café Maurice, à Hollywood. Alors que je m'apprête à ralentir pour chercher à me garer, je repère une grosse Mercedes noire dans laquelle des types semblent attendre. Cela ne me dit rien qui vaille, alors je continue mon chemin, je contourne le pâté de maisons et je m'arrange pour passer à proximité de la voiture, en roulant assez lentement pour essayer d'identifier les occupants... Aucun doute possible, ces gars-là sont de la bande qui m'a cherché des noises la nuit précédente et, à la mine qu'ils font, je vois bien que ce n'est pas pour m'offrir l'apéro qu'ils poireautent devant le café.

Je ne demande pas mon reste et, tout en enclenchant le dispositif de caméra arrière, j'enfonce à fond l'accélérateur. Les types aussi m'ont reconnu. La Mercedes quitte le trottoir et se coule dans le trafic pour me coller au train. C'est parti ! La chasse au Rocancourt est ouverte.

Je ne parviens pas à semer mes poursuivants. Quand je suis stoppé à un feu rouge, ils sont derrière moi. Sur mon écran, je vois l'un des gars sortir de la Mercedes, l'arme au poing, et se diriger vers ma portière, prêt à tirer.

J'ai évidemment moi aussi une arme dans la boîte à gants. Dans un réflexe de légitime défense, je fais feu. La voiture des agresseurs me double et se tire, la police arrive. Dieu merci, le témoignage d'une conductrice qui était derrière nous et avait vu toute la scène me sort de ce mauvais pas. Le sheriff ne retient aucune charge contre moi, si ce n'est la détention et l'usage d'arme à feu.

Bref, ce serait une broutille si je ne me trouvais pas à ce moment-là sous « investigation » puisque je ne suis « que » libéré sous caution pour l'affaire du faux vrai passeport.

Dans ce contexte, le rodéo et la fusillade façon western font très mauvais effet. Le juge n'apprécie pas du tout et je suis à deux doigts de retourner en taule pour un séjour de quelques mois. Toutefois, on me laisse dehors, moyennant une nouvelle caution. Plutôt salée celle-ci, puisque le tribunal la fixe à quelque quatre cent vingt mille dollars. C'est beaucoup d'argent. C'est même trop. Près d'un demi-million de dollars pour ne pas avoir eu la délicatesse de me laisser truffer de plomb, je trouve l'addition amère.

Comme on peut s'en douter, ces nouvelles péripéties contribuent à me rendre l'atmosphère de la Californie encore un peu plus irrespirable. Cette fois, c'est dit : je me tire de là. J'ai assez joué, assez donné et j'ai fait le tour des joies locales. Je laisse à peine quelques heures à Pia et à Zeus pour se préparer et nous filons tous les trois vers d'autres cieux.

Le choix de ma nouvelle scène de théâtre est arrêté : New York. Là, je sens que vais pouvoir donner ma pleine mesure. Je suis donc débordant d'allant et d'optimisme quand nous nous envolons pour la Grosse Pomme. Le seul petit inconvénient est que je peux difficilement prétendre qu'il s'agit d'un banal voyage ou d'un déménagement ordinaire. Loin de là. En effet, comme je me trouve maintenant doublement en liberté conditionnelle, une première fois en raison du faux vrai passeport, une seconde pour la détention d'arme et la fusillade, aux yeux de tous les juges des États-Unis, au moment même où je quitte la juridiction dont je relève, je ne suis pas en balade mais purement et simplement en cavale.

Ce qui est un tout autre sport.

– 14 –

AU BOUT DE LA ROUTE...

Août 2000. Commissariat des Hampton. New York.
– Monsieur Ortuno, vos empreintes je vous prie.

Ce n'est rien, juste un fonctionnaire de police qui me demande d'imprimer mes empreintes digitales sur un document. Pas de quoi paniquer. Pourtant, au moment même où il me désigne le tampon encreur sur lequel je dois appuyer, un à un, les cinq doigts de mes deux mains, mon sang se glace.

Dès que j'aurai laissé cette trace, mon univers peut basculer d'un instant à l'autre. Le seul sursis dont je dispose avant la catastrophe est le laps de temps qui risque de s'écouler entre l'instant où le fonctionnaire communiquera le relevé de mes pâtés d'encre au fichier central et la minute où la réponse lui reviendra. Car si je suis encore ici à ce moment-là, ce sera la réponse qui tue : ces empreintes ne sont pas celles d'un certain mister Ortuno, elles appartiennent au dénommé Christophe Rocancourt, recherché sur tout le territoire des

États-Unis d'Amérique pour violation de la réglementation en matière de libération conditionnelle.

En effet, ayant choisi de quitter la Californie, je ne me suis pas présenté devant le juge après l'affaire de la fusillade et l'obtention de ma liberté sous caution. Et un tel manquement, aux States, constitue un délit grave.

Bien que je sente mes jambes faiblir sous moi, je ne manifeste aucun affolement et, en gentil garçon bien obéissant, je pose mes doigts un à un dans la bonne case. Pouce, index, majeur... J'agis avec lenteur mais mon cerveau, lui, fonctionne en surmultipliée.

Trois heures plus tôt, je me suis fait interpeller par une patrouille de la police new-yorkaise sur un trottoir du quartier chic d'East Hampton. Après avoir fréquenté successivement deux résidences hôtelières de standing situées dans ce quartier, j'ai « oublié » de régler les additions. Un total misérable d'à peine dix-sept mille dollars. Seulement, les tenanciers sont montés au cocotier et ont ameuté les flics. Ils ont donné mon signalement et livré mon nouveau nom de théâtre, celui sous lequel je me suis inscrit chez eux : Mr Fabien Ortuno, de nationalité française.

Jusqu'à la prise d'empreintes, j'ai considéré qu'il n'y avait pas là de quoi fouetter un chat. Comme la loi américaine le prévoit, dès mon interpellation j'ai appelé mon avocat, Bruce Cutler, pour qu'il me sorte de ce mauvais pas et qu'il se hâte de verser la caution qu'on ne manquera pas d'exiger. Quant à moi, je suis tout disposé à m'engager à réparer mon « oubli » dans les quarante-huit heures, ce qui, en vérité, ne me pose aucun problème.

Depuis mon arrivée à New York, il y a près d'un an, mes affaires n'ont jamais été aussi prospères. Elles le sont à un tel point que je me demande bien, encore aujourd'hui, pourquoi j'ai poussé le jeu jusqu'à ne pas acquitter ces malheureux dix-sept mille dollars d'hôtellerie. Une connerie de débutant, vraiment ! De temps en temps, j'ai envie, comme ça, de m'amuser. Un amusement qui risque de me coûter cher et que je ne me pardonne pas, mais ce qui est fait est fait.

Seulement pour l'heure, ce qui est fait, justement, c'est la prise d'empreintes digitales dont rêve en secret l'inspecteur Mueller de l'autre côté des États-Unis. Je l'imagine recevant la dépêche qui lui annoncerait l'arrestation à New York de Christopher Rocancourt, alias Mr Fabien Ortuno et autres pseudonymes, pris les doigts dans le pot de confiture pour une arnaque subalterne, une méprisable affaire de grivèlerie. Je le vois d'ici sauter de joie. Je ne vais tout de même pas lui faire ce cadeau !

À l'intérieur, je suis en feu. À l'extérieur, je reste de marbre. Le policier en termine avec les formalités. Il prend son temps. Pour un peu je l'encouragerais à aller encore moins rapidement. Il est vrai que pour lui mon histoire d'hôtel impayé n'est pas l'affaire du siècle... J'aimerais juste que mon avocat se bouge un peu plus vite.

Or, Bruce Cutler est absent de New York. Il plaide à Philadelphie ce jour-là. C'est Bettina, son assistante, qui doit me sortir de la nasse. Mais l'autorité d'une collaboratrice, si performante soit-elle, n'égale jamais celle du patron, surtout quand celui-ci est une star new-yorkaise du barreau qui s'est illustrée dans de retentissants procès financiers comme dans de grandes affaires médiatiques telles que le procès du parrain John Gotti.

On me met donc au trou. Je dois comparaître devant un juge dans les heures qui suivent pour que soit fixée la caution. Bien entendu, si entre-temps le masque tombe, si mes empreintes me trahissent, il ne sera plus question de sortir à l'air libre contre une pincée de dollars : les portes du pénitencier s'ouvriront devant moi. De quoi me mordre les doigts pendant des années d'avoir fait un pied de nez à la chance.

Les minutes sont des heures. Je me bouffe le foie. Je bous à mille degrés dans ma tête et mon ventre, mais quand on m'adresse la parole, je la joue parfaitement cool. D'un côté, je me dis que plus le temps passe, plus cela laisse de chances à Pia et à Zeus de filer loin d'ici pour se mettre à l'abri, monter à bord d'un avion pour ailleurs. En effet, Pia peut être considérée comme complice de ma cavale. Mon avocat n'est pas fou, il a dû la faire prévenir et prendre les mesures nécessaires... D'un autre côté, je n'ignore pas qu'à chaque instant je peux voir la porte de la cellule s'ouvrir sur un flicard hilare qui me jettera à la figure :

— Fini de jouer, mister Rocancourt. Vous venez d'arriver au terminus. Tout le monde descend !

Putain, j'enrage. Comment ai-je pu trouver le moyen de faire le con au moment où tout allait si bien ?

Le New York où j'ai débarqué est alors un eldorado. Tout le monde se souvient de cette fin de siècle. Les nouvelles technologies explosent. Des fortunes incroyables se font en un tour de main, l'argent circule comme jamais. De petits mandataires en Bourse se réveillent millionnaires en dollars sur deux ou trois coups spéculatifs à Wall Street. Et tout ce monde-là en veut encore plus, toujours plus ! Alors Rocancourt est là pour alimenter le rêve. Vous souhaitez investir cinquante millions, soixante-dix millions, cent millions, mais comment donc ! Bien sûr, vous voulez que cela se passe en toute discrétion. Quoi de plus naturel ? Vous avez frappé à la bonne porte et j'ai en magasin les bons plans qu'il vous faut... Vous connaissez le tarif, dix pour cent d'avance. Également en toute discrétion, cela va de soi.

Mon bureau de Time Square ne désemplit pas. Je me permets même de faire la fine bouche. Je sélectionne et, surtout, je prends le temps de vivre. Je consacre le maximum de journées à Zeus, à Pia. Je veux pour eux ce qu'il y a de mieux. Et je le leur donne. Nous visitons New York et toute la côte Est. Nos excursions se font le plus souvent en hélicoptère et je m'empresse d'acheter tout ce qui fait briller les yeux de mon Zeus. Quand je suis avec lui et avec Pia, je suis heureux comme jamais je ne l'ai été.

Cependant, je veille aussi à me maintenir en forme. Je fréquente les salles de sport. Attention ! Pas n'importe lesquelles : les plus « tendance ». Je veux bien suer sang et eau mais en bonne compagnie. Car, en fait, mes heures de musculation ne sont qu'un prolongement de mon activité professionnelle.

Et c'est ainsi, dans la transpiration de luxe pourrait-on dire, que naît un beau jour le digne successeur de Christopher De Laurentiis, à savoir Mr Christopher Rockefeller soi-même.

Au fond, ce nouvel avatar de l'ex va-nu-pieds Rocancourt va de soi. Il s'inscrit dans une logique imparable : à Los Angeles, capitale mondiale du cinéma, un masque de fils de producteur s'imposait. À New York, la métropole du business international, celui d'un héritier de la haute finance m'a semblé incontournable.

Cela s'est fait, encore une fois, tout naturellement. Un jour, dans une salle de gym, j'entends un promoteur immobilier bougonner au sujet de ses clients :

– Ils veulent tous le top du top dans les meilleurs quartiers. Tous autant qu'ils sont, ils se prennent pour Rockefeller...

Cela ne tombe pas dans l'oreille d'un sourd. Le jour même, alors que je quitte la salle et que je récupère à l'accueil la montre de luxe que j'ai fait mettre au coffre en arrivant, sur le bon de décharge que me tend l'hôtesse je signe d'un désinvolte : « Christopher Rockefeller ». La jeune femme ouvre de grands yeux. Quant au grincheux de l'immobilier, qui se trouve près de moi et qui a lorgné par-dessus mon épaule, il n'en revient pas et se répand aussitôt en amabilités. Il me tient la porte quand je sors. Je le remercie distraitement tandis que le chauffeur de la limousine de dix mètres de long que j'ai louée m'ouvre la portière arrière. Et c'est parti ! La légende est sur ses rails. D'un trait de plume, je suis devenu l'un des héritiers de la fortune américaine la plus célèbre du monde. Je reconnais que c'est mettre la barre assez haut, mais c'est comme au poker : plus on joue gros, plus c'est excitant. Et plus on bluffe, plus les autres marchent.

Encore une fois, je n'ai rien prémédité, j'ai laissé ma main tracer les lettres du nom richissime, et dès lors les dés étaient jetés. Après, j'ai adapté le scénario et travaillé mon jeu d'acteur. Rien de plus. Que je parle anglais avec un accent français plus que prononcé ne trouble personne. Après tout, j'ai peut-être grandi en France, fréquenté les hautes écoles de l'autre côté de l'Atlantique... Tout le monde y croit parce que tout le monde *veut* y croire. Le secret est là. On me fête, on m'honore, on me reçoit, on me courtise... Moi je ponctionne.

Et je savoure l'humour de la situation. On se bouscule pour m'apporter ce que je n'ai même plus à aller chercher, je veux dire ces monceaux de fric. Un régal. Parfois, j'aimerais pouvoir convier le petit inspecteur Mueller à cette fête permanente.

Il y a même un type qui m'a financé un séjour sur la Côte d'Azur dans l'espoir que je lui rabatte de prétendus investisseurs contactés par mes soins à Monaco. Des bailleurs de fonds qui, on s'en doute, n'ont jamais existé. En fait, je me la suis coulé douce à Saint-Tropez, avec villa de luxe et yacht de rêve pendant des semaines.

C'est lors de ce séjour que je me suis procuré mon passeport français au nom de Fabien Ortuno et c'est également à l'occasion de cette escapade que j'ai eu le privilège de côtoyer Françoise Sagan. Après son départ du Midi, je suis allé lui rendre une visite en hélico dans la propriété où elle vivait, en Normandie. On a discuté ensemble. On a beaucoup ri. C'était bien.

Peut-être était-ce trop bien ? À New York, j'ai pourtant reçu une jolie leçon qui aurait dû m'alerter. Un artiste peintre que j'admirais sincèrement a vu clair dans ma comédie. Il m'a mouché, avec humour. Un soir, il a organisé un dîner dont les hôtes étaient censés appartenir au gratin, le *nec plus ultra* de la ville. J'étais invité en qualité de Rockefeller, naturellement, et j'ai tenu mon rôle. En réalité, l'artiste m'a joué : ses invités étaient comme moi des « comédiens », des friqués d'un soir. Ils ont dû bien rire après mon départ. J'aurais aimé rire avec eux... Mais une nouvelle fois, j'étais retenu ailleurs lorsque j'ai appris la vérité, des semaines plus tard.

À Hampton, le juge a fixé la caution à quarante-cinq mille dollars. Je crois rêver. Sur un plateau de la balance, une obole de quarante-cinq mille petits dollars, de l'autre des années de pénitencier si mon avocat ne me fait pas sortir avant la révélation de mon identité véritable.

Je vis un enfer.

Et soudain, les portes s'ouvrent. Un policier s'approche, vérifie mon nom sur une fiche.

— Mister Ortuno ?

— C'est moi.

Je n'en mène pas large quand je prononce ces mots tout bêtes.

— *Well*, mister Ortuno. Vous pouvez sortir. La caution a été versée par le représentant de votre avocat.

À peine cinq minutes plus tard, je quitte les locaux de la police. Je prends à droite en sortant parce que c'est de ce côté-là que la rue est la moins longue et que je peux disparaître très vite au coin d'un immeuble. Ma petite voix intérieure me susurre : « Christophe, surtout ne cours pas ! Ne fais pas le con ! Tu marches comme si tout allait pour le mieux dans le meilleur des mondes possibles. Ne cours pas, bon Dieu ! »

Je parviens à ne pas trop presser le pas. Cependant, quand je prends place dans le premier taxi que je trouve, je réalise que je suis trempé de sueur de la tête aux pieds.

— Démarrez, je vous dirai plus tard où nous allons.

Nous n'avons pas parcouru cinq cents mètres qu'une voiture de flics nous rattrape, sirène hurlante. Bon sang, une nouvelle suée m'inonde !

La voiture pourtant nous dépasse. Ouf ! Ce n'est pas pour moi. Enfin, pas pour cette fois. J'ai eu chaud.

Il n'empêche que New York, c'est fini. Et je n'ai pas

intérêt, désormais, à rester trop longtemps au même endroit.

La vraie cavale va commencer. Si je veux rester maître de mes faits et gestes, si je veux pouvoir un jour prendre à nouveau Zeus dans mes bras tous les soirs, lui raconter une histoire avant qu'il ne s'endorme, il va falloir que je me fasse oublier.

Pour l'instant en tout cas, il n'est pas question de rejoindre mon fils et sa mère. Trop risqué, mes empreintes digitales traînent quand même dans la ville... Je m'arrange pour mettre Pia et Zeus à l'abri tout en leur permettant de continuer à mener la vie confortable que je leur ai offerte jusqu'ici. Je les expédie dans une station de ski hyper chic de la Colombie-Britannique, à l'ouest de Canada. On n'ira pas les chercher là-bas !

Et moi je file...

Très vite, ma cavale devient un enfer. Je ne vois plus mon fils et cela m'est insupportable. Après avoir quitté New York en catastrophe, j'ai trouvé refuge ici ou là, je suis passé au Mexique à bord d'une bagnole conduite par un zozo que j'ai soudoyé pour une poignée de cacahuètes. Mais le Mexique m'a vite lassé, ce n'est pas ma tasse de thé. De toute façon, là où n'est pas Zeus, je suis mal. Mais voilà, la vie n'est pas si simple. Je sais qu'il me faut être patient avant de pouvoir courir le risque de me rapprocher de lui et de Pia. Je change encore de destination...

Les médias américains ont beaucoup parlé de mon affaire. Le patronyme usurpé de Rockefeller les a mis en transe. Quelques petits mecs de Wall Street alimentent la chronique en évoquant les économies qu'ils ont perdues dans mes affaires. Les gros poissons, eux, ne bronchent pas. Ils ont trop dissimulé d'argent au fisc et trop misé sur la casaque Rocancourt pour la ramener.

À Los Angeles, mes deux pique-assiette favoris, Benny le connard et Glenn la donneuse, s'en donnent à cœur joie. Ils vendent aux journaux tout ce qu'ils savent ou croient savoir. Et quand ils n'ont plus rien à fourguer, ils inventent. Un grand classique... Pardon de revenir en arrière, mais là encore je rigole : si j'étais un membre éminent de la Mafia, ces deux raclures se garderaient bien de me nuire alors qu'ils me savent en cavale. Quant à Mueller, que la presse américaine commence à appeler le « commissaire Javert », il croit tenir son heure de gloire. Il pose avec la Rolex et le faux vrai passeport saisis lors de la perquisition au Beverley. Il est fier de ces trophées. Et il s'en va donner des interviews un peu partout.

Un jour, je regarde une de ces interviews en direct sur une chaîne californienne. Je suis en train de manger un steak à un demi-mile du studio où mon persécuteur pérore. J'ai le FBI et toutes les polices des States aux fesses, ma photo trône partout dans les locaux où l'on est censé faire régner la loi, et ce jour-là je me tape un bon T-Bone à deux pas du flic qui veut ma peau. Il s'en faut de peu que je ne me lève pour aller téléphoner à la station de télé et inviter mon cher Mueller à boire le café avec moi.

Tout cela m'amuserait et pourrait durer probablement des années s'il n'y avait Zeus. Encore une fois, il me manque. Le soir, dans les motels merdiques où je ne dors que d'un œil, je lui parle. La nuit, tandis que je parcours des distances folles au milieu de nulle part, je m'imagine qu'il est assis à côté de moi dans la bagnole de location et que nous sommes en partance tous les deux pour un ailleurs où personne ne viendra nous déranger... À l'aube, quand je suis lessivé, éreinté d'avoir tant roulé, que mes yeux clignent de fatigue devant le soleil timide, je me dis : « Christophe, bordel ! Arrête ce cirque ! Zeus est tout pour toi. Alors va le lui dire. »

Et un jour, je décide de le faire.

Je suis sans illusions. Je sais mieux que quiconque que ce qui perd un homme en cavale, c'est l'affectif, l'amour. Une femme, un enfant, un père, une mère qu'on veut revoir à tout prix. Une minute seulement. Une dernière fois, peut-être... Et le piège se referme. Tout le monde connaît la chanson. Et moi, je la sais sur le bout des doigts. Eh bien tant pis, advienne que pourra. Je veux revoir mon fils, je veux le prendre dans mes bras, je veux lui dire que je l'aime et j'y vais. Je ne peux plus m'accommoder de l'absence.

Zeus ne me reconnaît pas.

Comment le pourrait-il ? Je surgis en pleine nuit après des mois et je suis teint en blond. Pia n'est pas moins surprise. Je les serre dans mes bras tout le reste de la nuit. On ne se dit pas grand-chose. Je pleure. De bonheur.

Pour les retrouver, j'ai franchi une nouvelle fois une frontière, celle du Canada. Un vrai tour de prestidigitation. Ou plus exactement un petit miracle, comme l'administration douanière en produit parfois. Le seul document d'identité que je pouvais présenter à la douane était un permis de conduire d'emprunt avec la photo d'un type qui ne me ressemblait ni de près ni de loin. Je me suis fait passer pour un étudiant de l'université californienne de Los Angeles, UCLA, et ça a marché !

Le poireau que j'avais payé pour conduire la voiture n'était au courant de rien. Ce gentil benêt ne posait pas de questions et ne répondait à celles qu'on lui adressait que lorsqu'il les avait comprises, c'est-à-dire bien longtemps après qu'on les avait oubliées. Il avait une cependant une grande qualité : il roulait en silence des heures, des nuits entières, le regard fixé sur la route. Quand le jour se levait, il disait : « Tiens, le jour se lève. » Quand le soir tombait, il marmonnait : « Tiens, le soir tombe. »

Me voilà donc à Whistler, Colombie-Britannique, Canada, avec femme et enfant. Whistler ! Un paradis, une sorte de Megève nord-américain où l'on peut dévaler toute l'année plus de deux cents pistes. La qualité de vie est à l'avenant. Beaux restaurants d'altitude, fréquentation choisie, atmosphère à la fois classe et décontractée... Mais peu d'espaces « business » pour un ambitieux en rupture de ban. Or, je dois me rendre à l'évidence. Les liasses de dollars ont filé à vitesse grand V entre mes doigts pour assurer ma sécurité en cavale et couvrir les frais de vie de Pia et de Zeus. On a beau être magicien, un beau jour on se rend compte qu'on a touché le fond du chapeau et que celui-ci ne recèle plus ni beau lapin blanc ni jolie colombe.

Rocancourt doit donc se remettre à l'ouvrage. Ou plutôt, remonter sur scène.

Les masques Laurentiis et Rockefeller ayant fait long feu, je m'invente un nouveau personnage. Je deviens Christopher Van Hoven, ancien pilote de Formule 1 et richissime businessman d'origine suisse.

De nouveau, tout fonctionne à merveille. Je fréquente les endroits les plus prestigieux. Je commence à laisser entendre que je suis séduit par le coin et que j'envisage d'y acheter une propriété. Chère et luxueuse, cela va sans dire. Je visite la plus belle de toute la contrée, le Château du Lac, et je me déclare très intéressé.

Pour la suite, je m'en remets au bouche à oreille et je n'ai pas à patienter bien longtemps avant de voir venir à moi mes premiers futurs clients.

Bientôt, l'un d'eux emporte ma préférence. Il s'appelle Robert Baldock. Je l'aime bien, Baldock. Pour deux raisons. La première est qu'il me prend pour une bille et qu'il cherche à m'arnaquer. La seconde tient en un mot : cupidité. Il appartient à la catégorie des avides chroniques, les hystériques du fric. En outre, ce cher Robert présente une caractéristique que je trouve rassurante : il joue sur deux tableaux. Il émarge en tant que membre d'une sorte de service public canadien, et, en parallèle, il fait son beurre dans une société privée immatriculée à l'étranger, dans un paradis fiscal. Alors je me dis qu'un type qui prend de telles libertés avec le respect de la déontologie qu'on est en droit d'attendre de tout serviteur de l'État y réfléchira à deux fois avant d'aller pleurer dans le giron de dame justice s'il vient à se faire posséder.

La société privée de Baldock est une arnaque de première. Il prétend avoir mis au point un procédé de détection des maladies mentales à partir de l'observation du rythme cardiaque... De quoi mériter haut la main le prix Nobel. Dans la catégorie « pièges à cons », évidemment.

Lorsqu'il me parle de son business, je m'empresse de paraître subjugué et je propose à ce génial bienfaiteur de l'humanité d'investir quelque cinq millions de dollars dans sa merveilleuse affaire. Qui mieux qu'un sportif de haut niveau comme Christopher Van Hoven, ancien pilote de Formule 1, peut offrir une information fiable en matière d'observation et de maîtrise du rythme cardiaque ? En tout cas je me passionne pour la « découverte » de Baldock. Et Baldock est aux anges ! Surtout quand il apprend que, dans mon pays, la Suisse, je suis multimillionnaire et que j'envisage de faire transférer tous mes avoirs au Canada, une terre dont je ne peux plus me passer.

Bien sûr, pour ce transfert, il faut un certain temps. Qu'à cela ne tienne : Baldock avancera les fonds nécessaires à mon train de vie, en attendant que je devienne son associé.

Dans la foulée, je signe une promesse de versement d'un acompte de cent mille dollars pour l'achat du Château du Lac, et je m'y installe. Je coule des jours paisibles et heureux en famille, et avant même que Baldock ait eu le temps de se poser la moindre question sur ma fiabilité, je l'ai soulagé de près de deux cent mille dollars. Il faut ce qu'il faut...

Hélas, j'ai mal jugé ce brave citoyen canadien. J'ai cru qu'il ferait profil bas. Tout au contraire, lorsqu'il acquiert la conviction que je suis bel et bien en train de le plumer, il rue dans les brancards et s'en va déposer plainte à la police. Pour moi, c'est le coup de grâce. Ma résidence est perquisitionnée et l'on y découvre un chéquier au nom de... Christophe Rocancourt.

Bingo ! peuvent s'écrier en chœur les agents canadiens, les américains du FBI et le cher inspecteur Mueller. Après trois ans de cavale, dont presque douze mois dans la plus parfaite clandestinité, Rocancourt vient de tomber parce qu'un escroc a eu ses vapeurs !

Je suis interpellé en pleine rue. Dans le sac accroché à mon épaule, les policiers trouvent trois bibles. Le Livre Saint ne me quitte jamais. Je suis aussitôt conduit en cellule et l'on m'interroge toute la soirée et toute la nuit.

Les heures qui suivent sont terribles. De nouveau, je suis éloigné de Zeus. Et pour longtemps. Je voulais être près de lui sans cesse, la nuit, le jour, le voir grandir, le conduire par la main sur le chemin de la vie, et voilà que, comme mon père l'a fait avec moi, je l'abandonne. Je reproduis ce que je voulais à tout prix lui épargner. Quel échec ! J'en crèverais.

Plus tard, j'apprendrai que Pia vit elle aussi, au même moment, un calvaire. Les flics la questionnent des heures et des heures. Ils l'incitent à me charger, à livrer mes petits secrets, à dévoiler mes combines. Pour y parvenir, ils me traînent dans la boue, ils lui racontent que je me suis toujours comporté comme le dernier des salauds avec elle, que je l'ai cocufiée à tour de bras. Ils balancent en cascade des noms de maîtresses réelles ou supposées. Pia est effondrée. Mais elle tient bon, elle fait face, elle ne dit rien... D'ailleurs, que dirait-elle ? J'ai mis un point d'honneur à ne pas l'impliquer dans mes « affaires » et elle n'en connaît pratiquement aucun détail.

Néanmoins, je ne lui rendrai jamais assez hommage. Quelle femme admirable ! Et surtout quelle mère exceptionnelle ! Sans elle, sans sa force de caractère, sans sa rectitude morale, que serait devenu Zeus ?

En 2001, j'écope de dix-huit mois de prison au Canada pour l'affaire Baldock et, comme les États-Unis ont demandé mon extradition, je sais que, à la sortie, je ne ferai que passer d'une geôle à une autre.

Je dois dire que la canadienne est nettement moins pénible que l'américaine. À la prison de Victoria, je n'ai pas à me plaindre de la manière dont on me traite. Les médias internationaux ayant fait sonner haut et fort les trompettes de la renommée lors de mon arrestation, quand je me retrouve derrière les barreaux, je suis considéré comme une sorte de VIP. Mes gardiens ferment les yeux sur l'écriture de mon premier livre, je peux lire ce que je veux, et je téléphone à peu près librement. Certes, mes visiteurs sont fouillés à l'entrée de la prison. L'un d'eux se verra ainsi retirer son portable, interdit. Mais c'est drôle, aucune caméra (non permise, évidemment) ne sera repérée. Voilà qui me permet de donner des interviews télévisées à de très grandes chaînes U.S., sans que personne ne s'en inquiète. Pour le reste, je reçois mes hôtes sans problème, et mes gardiens nous servent le café... Il se trouve même un admirateur de mes « exploits » pour me faire envoyer en prison des tonnes de langouste, de champagne et autres douceurs. Comme je ne veux pas en bénéficier en solitaire, j'émets le souhait de les partager avec les codétenus de ma section, et mon vœu, provisoirement, est exaucé... Hélas, l'administration carcérale mettra un jour l'embargo sur ces livraisons, « non conformes au règlement en vigueur dans les prisons canadiennes ».

Pendant ce temps, aux States, mon avocat négocie avec la justice américaine les conditions de mon « plaider coupable ». L'accord s'établit sur une peine de prison de cinq années, assortie d'une restitution financière d'un million deux cent mille dollars pour les différents délits qui me sont imputés : falsification de passeport, détention et usage d'armes, extorsion de fonds, grivèlerie, etc.

Lorsque sonne l'heure de l'extradition, je passe subitement d'un univers à un autre. La réclusion à l'américaine n'a décidément rien à voir avec la détention made in Canada. La différence s'affiche dès le passage de la frontière. Côté États-Unis, ce sont les U.S. marshals qui me prennent en charge. L'un d'eux a beau me dire : « Bienvenue à la maison, mister Rocancourt », je vois bien que l'ambiance n'est pas à la bonhomie. Regard dur, mâchoires serrées, ordres secs, gestes efficaces, et pour moi menottes aux poignets et chaînes aux chevilles... Un autre monde.

Vingt-quatre heures plus tard, je suis, avec trois autres taulards, enfermé dans un Boeing 747 affecté exclusivement au transport de prisonniers. Ce Boeing va se poser à l'intérieur même du pénitencier d'Oklahoma City où une piste est spécialement aménagée à cet effet.

« Bienvenue dans un univers carcéral où plus rien n'est à l'échelle humaine », me susurre ma petite voix. Quand le gros porteur se pose sur la piste, les portes du pénitencier d'Oklahoma City se referment derrière moi. Je connaîtrai d'autres villégiatures, Lewisburg, Allenwood ; toutes aussi accueillantes. Aux States, on n'aime pas que les prisonniers « lourds » prennent des habitudes... En raison des grâces et remises de peine, je ne resterai « que » trois ans et demi dans les geôles américaines. Ce qui, avec le Canada, fait quand même cinq années loin de la liberté.

Une liberté que je respire enfin à pleins poumons, sur une plage normande, en octobre 2005.

– 15 –

ET MAINTENANT...

24 octobre 2005.

Zeus est maintenant un petit homme de huit ans. J'ai été éloigné de lui pendant cinq années. Je lui ai parlé au téléphone aussi souvent que j'ai pu, mais le voir là, devant moi, courir en riant aux éclats sur la plage de Deauville est un bonheur qui surpasse tous les autres. Les mots sont faibles pour rendre compte d'une telle intensité. Je sors de la nuit et Zeus est mon étoile. Enfin, je peux le prendre dans mes bras, sentir contre ma joue le souffle de sa respiration que la course a accéléré, lui parler à l'oreille, l'écouter. Surtout l'écouter.

Il est venu me rejoindre avec sa maman quelques jours après mon arrivée en France mais, en bon écolier américain, il devra refranchir l'océan les vacances terminées pour reprendre le chemin de la classe. Pia se montre intransigeante sur l'éducation de l'enfant et je lui donne entièrement raison... même si j'aurais bien aimé pouvoir le garder près de moi une semaine ou deux de plus.

Retrouver la liberté ne va pas sans difficultés. Les années de pénitencier laissent des traces. J'ai perdu le sommeil. Je dors en pointillé. Des cauchemars m'assaillent dès que je m'assoupis et je me réveille en sursaut, trempé de sueur, comme en prison. Je me retrouve en songe derrière les barreaux, je revois les images de la barbarie ordinaire qui sévit en taule. Surtout, je fais le rêve atroce que je ne suis toujours pas dehors et que je n'y serai pas avant longtemps.

Brisé de fatigue, je m'endors lorsque le jour se lève. Sa clarté me rassure. Je me sens moins vulnérable et je peux me pincer pour me persuader que je ne rêve pas et que désormais je suis bel et bien un homme libre. Si je décide de sortir me promener dans Paris, je le peux. Si je fais le choix d'aller traîner dans une librairie du Quartier latin, je le peux. Si l'envie de prendre une douche me vient, je n'ai à demander l'autorisation de personne pour me rendre dans la salle de bains. Si je désire passer deux heures avec mon ami, mon frère, Thomas Langmann, le producteur du film qui va être inspiré de mon parcours, libre à moi. Si le caprice me vient de dire bonjour à une dame dans la rue, c'est pareil. Et comme je suis toujours incapable de passer devant un SDF sans m'arrêter pour parler un moment et laisser un billet, je peux répéter le geste aussi souvent que je le souhaite. Ces mots simples, « je le peux si je le veux », m'ont été confisqués tellement longtemps que je ne me lasse pas de les répéter.

Ainsi, petit à petit, je reprends plus ou moins pied dans la vie normale. Et puis l'existence m'a adressé un joli sourire. Une jeune actrice, belle et rebelle, est venue à ma rencontre. Mon passé ne lui fait pas peur et nous sommes bien ensemble. Elle a le goût des plaisirs simples et nos tendres balades à Barbizon, en forêt de Fontainebleau, ont la saveur du bonheur retrouvé. Nous rions beaucoup, comme des mômes insouciants...

Je ne sais même plus s'il m'arrivait de rire au pénitencier. Probablement pas. Trop de violence sous-jacente, omniprésente... Bon sang, qu'il est difficile de chasser ces fantômes de ma mémoire ! Ils me surprennent au moment où je m'y attends le moins.

Un soir, je m'assoupis en paix dans le fauteuil confortable d'un palace parisien. Une minute après, je me réveille haletant de frayeur, je me lève d'un bond, je jette des regards d'animal traqué partout autour de moi. L'ami qui m'accompagne me rassure :

— Calme, Christophe. Tout va bien. La vie est belle, ici...

Pour me mettre à l'aise, il paraphrase la réplique plutôt graveleuse que Depardieu adresse à Dewaere dans le film *Les Valseuses*, de Bertrand Blier :

— On n'est pas bien, là, ensemble, détendus, décontractés du gland et tout ?

Cela me distrait. Mais le cauchemar qui m'a harcelé reste encore présent un moment. Je me revois au mitard, dans la cuve inhumaine où j'ai passé cent quatorze jours au début de ma peine pour avoir cassé deux dents à un taulard qui commençait à me bousculer pour un différend de rien. Seigneur ! Il en faudra des courses folles et rieuses de Zeus sur les plages pour que je me purge de cette boue ! Il en faudra des sourires et des mots tendres de ma nouvelle amie pour que je cicatrise !

Souvent, les journalistes me demandent :

– Votre avenir, comment le voyez-vous à présent ?

J'ai envie de leur répondre que je n'ai pas encore assez retrouvé mes repères pour être en mesure de me faire une idée claire de ce que je serai et ce que j'entreprendrai dans six mois, dans un an. Il y a encore trop de trucs cassés en moi.

Je sais seulement que je m'en tiendrai pour l'essentiel à la ligne de conduite qui a toujours été la mienne et qui me vient tout droit de Nietzsche, évidemment. Je me conformerai au concept né de son génie : l'*amor fati*. L'amour du destin... Aimer ce que la destinée nous envoie. Quelles que soient la rudesse ou la beauté de ses cadeaux. Ce sera peut-être un film, un rôle, un projet encore plus audacieux, un sursaut d'aventure au fond du désespoir, du champagne à l'envi ou une retraite dans un monastère. Que les curieux qui m'aiment bien et se font du souci pour moi me pardonnent, je ne saurais leur donner plus de précisions. Je l'ai assez dit : j'ai toujours improvisé.

– TABLE DES MATIÈRES –

Direction littéraire
Huguette Maure

assistée de
Maggy Noël

Composition PCA
44400 – Rezé

Impression réalisée sur CAMERON par

BRODARD & TAUPIN

GROUPE CPI

La Flèche

pour le compte des Éditions Michel Lafon
en février 2006

Imprimé en France
Dépôt légal : février 2006
N° d'impression : 34118
ISBN : 2-7499-0431-5
LAF 749